养出独立的孩子，是父母一生的福气

晓平 —— 著

天津出版传媒集团

天津人民出版社

图书在版编目（CIP）数据

养出独立的孩子，是父母一生的福气 / 晓平著. --
天津：天津人民出版社，2021.4
ISBN 978-7-201-17158-6

Ⅰ.①养… Ⅱ.①晓… Ⅲ.①家庭教育 Ⅳ.①G78

中国版本图书馆CIP数据核字(2020)第271269号

养出独立的孩子，是父母一生的福气
YANG CHU DULI DE HAIZI, SHI FUMU YISHENG DE FUQI

出　　版	天津人民出版社	
出 版 人	刘　庆	
地　　址	天津市和平区西康路35号康岳大厦	
邮政编码	300051	
邮购电话	（022）23332469	
电子信箱	reader@tjrmcbs.com	

责任编辑	杨　芊
特约编辑	水灵光
装帧设计	末末美书
版式设计	新视点

印　　刷	天津中印联印务有限公司
经　　销	新华书店
开　　本	710毫米×1000毫米　1/16
印　　张	14.5
字　　数	170千字
版次印次	2021年4月第1版　2021年4月第1次印刷
定　　价	45.00元

版权所有　侵权必究

图书如出现印装质量问题，请致电联系调换（022-23332469）

生活在同一片蓝天下，呼吸同样的空气，但孩子们却展现出了截然不同的姿态：

有的孩子离开了父母，生活会变得一团糟，有的孩子却能将生活打理得井井有条；有的孩子遇到了挫折，会轻言放弃、一蹶不振，有的孩子则会越挫越勇、迎难而上；有的孩子面临选择时会茫然无措，有的孩子则能快速地做出对自己最有利的选择；有的孩子会想方设法逃避责任，有的孩子会坦然面对，用自己稚嫩的肩膀将责任担起……

为什么孩子之间会有如此大的差异，其实这和孩子的独立能力息息相关。独立能力就像是盔甲，能够使孩子无坚不摧。当孩子拥有了独立能力，就会成为人们口中"别人家的孩子"。

那么，什么是独立呢？它是指不依附、不隶属，依靠自己的力量去做事。比如，孩子单独去上学、积极且能够独立完成老师布置的作业、自己的房间自己整理、做错了事情主动承担等，这些都是独立的表现。

独立作为一种能力，它会伴随孩子的一生，能对孩子的人生起到积极向上的影响。就好比孩子的面前有一个百宝箱，而独立能力就是开启百宝箱的钥匙。所以拥有了独立能力，无形中孩子就会获得许多宝贵的财富。

然而孩子的独立能力并不是与生俱来的，它受到了许多后天因素的影响。更确切地说，孩子的独立能力与其所处的环境息息相关。父母与孩子的相处方式、对孩子的教育方法等是构成孩子所处环境的主要因素，简单点说，是父母决定了孩子的独立能力。

仔细观察会发现，如果父母总是对孩子大包大揽，孩子就会四体不勤、五谷不分；如果父母总是帮孩子解决问题，孩子承受能力就会极差；如果父母总是过多干涉孩子的交友权利，孩子就会不懂得如何交际。以上这些都能清楚地映射出父母的一言一行是决定孩子独立能力强弱的关键因素。

那么，是什么原因令父母剥夺了孩子的独立能力呢？可能是父母对孩子的溺爱，也可能是对孩子的强势。

但是每一位父母都需要明白，孩子终有长大的一天，他们终究要独自面对这个世界。孩子的人生就如同那复杂多变的天气，时而晴、时而阴、时而暴雨、时而雷鸣，只有拥有了独立的能力，他们才能守得云开见红日，拨开云雾见月明。

独立能力是可以培养和提升的。本书从如何培养孩子的动手能力、思维能力、抗逆能力、社交能力等多个方面入手，旨在综合培养出孩子的独立能力。此外，本书采用第一人称书写，讲述了许多发生在我与孩子之间的真实事例，可以令您在阅读的时候感同身受，迅速掌握养出独立孩子的方法与技巧。

各位父母，独立的孩子才是最优秀的，拥有独立的孩子是父母一生的福气。

目 录

第一章
独立不取决于年龄，而是你和孩子准备好了吗

....

就独立能力而言，孩子之间是存在差异的，有的孩子独立能力强，有的孩子独立能力弱。可能很多父母会认为是孩子的年龄在影响着他们的独立能力。事实上，仔细观察会发现年龄小的孩子有时候比年龄大的孩子独立能力更强。

所以，孩子的独立能力并不取决于年龄，而是在于父母和孩子有没有做好独立的准备。

....

父母的态度，是孩子独立资本的储备起点

01

在我的孩子刚升入小学时，学校组织了一场为期五天的游学活动。活动的内容非常丰富，既能够增长孩子的见识，又能帮助他们学习到很多知识。我的孩子在浏览完游学的活动计划后，非常感兴趣，并希望我同意她参加。

尽管这次游学活动很值得参与，但我当时还是拒绝了她。她很生气地质问我为什么不让她参加。我回答她说："你长这么大从来没有离开父母身边独立生活过，一旦不适应，就会给老师、同学们带来很多的麻烦，也体验不到游学的乐趣，探索不到游学的意义。"

对此，我的孩子不服气，她觉得自己能够独立。为了让她认清事实，我问了她几个有关独立的基本问题：

"你会自己洗衣服吗？"

"你能打扫好宿舍的卫生吗？"

"你能计划好自己每天的花费吗？"

"你和老师、同学们走散了，知道怎么做吗？"

"如果碰到坏人了，知道怎么自救吗？"

对于我问的前两个问题，她支支吾吾地说自己可以做到，而后面几个问题她便回答不上来了。我问孩子是不是真的想去。她立马点头，眼睛里尽是恳求。最后我跟孩子约法三章，答应她可以去，但前提是在接下来的一段时间里她必须要学会独立。

这之后，我有意识地训练起孩子的独立能力，比如我不再喊她起床上学，而是让她自己定好闹铃起床；我不再帮她整理房间卫生，而是放手让她自己去做；我教授她一些生活中的技巧，让她自己去琢磨；我会模拟一些生活中危险的场景，让她掌握自救的技巧……通过学习与实践，她的独立能力得到了很大的提升。

随着孩子的独立性越来越强，我对她外出游学也放下心来，同意了她人生中第一次没有父母参与的旅行。

这次游学，其实也是对孩子独立能力的锻炼。因为孩子回到家后，我明显发现她变得更有主见了，也习惯自己的事情自己做。

02

对于培养孩子的独立能力，我是有计划的。我计划等孩子的年龄稍微大一点再去训练，因为我认为孩子大一点，接受能力强，能够更好地做到独立。

但经历过这次游学后，我发现孩子的独立并不取决于她的年龄，只要给孩子独立的机会，她就能够一点点地做到独立。所以孩子能够独立，真正取决于的是父母的态度。就像我的孩子，如果我不给她独立的机会，她就无法学习独立的相关知识，做到独立；如果我给她独立的机会，并有意识地去训练她的独立能力时，即使年龄小，她也能做得很好。

作为父母的你不妨想一下，你的孩子是否缺乏独立能力？其独立能力的缺失是否与你的态度有关呢？

当父母对孩子太过溺爱时，就会对孩子大包大揽，孩子得不到独立的机会，谈何去独立？当然，也有一部分父母不给孩子独立的机会，是因为希望孩子将心思全都放在学习上，或是跟我一样，希望等孩子大一点再培养起其独立能力。其实，这都是不利于孩子成长与发展的。

父母的态度是孩子独立资本的储备起点，越早培养孩子的独立能力，孩子将越早掌握独立生活、独立生存的技能。而这些独立技能会给孩子带来很多的机会。

我举一个例子，两个成绩相当的孩子，一个孩子独立能力很强，一个孩子独立能力很弱，如果老师手上有一个外出比赛的名额，内心肯定会偏向独立能力强的孩子。因为独立的人能够给人一种靠谱的感觉。

所以给孩子独立的机会，提升孩子的独立能力是非常有必要的。

03

很多时候，我们认为孩子做不好，事实上这仅仅是我们自己认为的而已。如果真的放手让孩子去做，在做的时候，他可能会磕磕碰碰，但是最后，他肯定能做的又快又稳，因为独立也是一种习惯。

我们需要转变自己的态度，给孩子独立的机会。那么，如何转变态度呢？

第一，我们只有先看重某件事，才会去执行。所以父母需要先看重孩子的独立能力，这样才能有意识地去锻炼孩子的独立能力。

父母需要明白，孩子年龄小，他也能做一些独立的事，比如当孩子学会走路了，就可以让他自己的东西自己拿；孩子2岁半以后，具备了一定的整理物品的能力，就可以让孩子自己去整理自己的玩具；当孩子有了自我意识后，可以让孩子自己去做选择……只要父母有让孩子独立的想法，那么他们在任何年龄段，独立能力都会得到不同程度的提升。

此外，一个人的人生，独立能力的重要性凌驾于很多事物之上，比如学习，学习是为了获得美好的生活，而独立能力的缺失则往往会令生活陷入困境。所以独立能力对孩子来说是尤为重要的，是需要父母去看重的。

第二，孩子的独立能力是从多个方面训练而来的，父母要尽可能多给予孩子独立的机会，让孩子在实践中不断增强其独立能力，这样他才能成长为一个真正独立的人。

真正的独立，是既可以独立面对生活，也可以独立应对生存。如果我们的孩子能够独立地做好自己的事情，但不能独立地去处理突发事件，那么孩子也算不上是真正的独立。对此，父母可从多个方面去培养、锻炼孩子，比如可以让孩子自己的事情自己做，让孩子自己去选择和判断，让孩子自己安排自己的生活，让孩子自己面对挫折和困难等。当孩子经历得多了，独立能力自然就被训练出来了。

独立能力就像是一把利剑，它能够帮助孩子披荆斩棘。作为父母，我们有责任为孩子铸造出这把剑，这样他们未来的人生才会无往而不利。

把孩子从依恋型转化为安全型，控制孩子黏人行为

01

有一次，我和同事小季去外地出差，为期一周。我们在登机前，分别给家人打了一个电话。轮到孩子接电话时，我叮嘱她要懂事，要自己的事情自己做，孩子回答说好，并对我说她会很想我，同时也叮嘱我出门在外要注意安全。

在听到登机的广播提示后，我和孩子简单说了几句便挂断了电话。而我的同事小季仿佛与孩子有说不完的话般，迟迟没有挂断。

在广播再次提醒时，我走近小季身旁拍了拍她的肩膀，提醒她要登机了，小季看着视频里哭得一塌糊涂的孩子，很无奈地对孩子说："妈妈是去工作，不是去玩的，真的不能带你去。这样，下次再带你去好不好？"她又安抚了孩子几句后，不得已挂断了电话。

登上飞机就座后，小季忍不住对我说："我家孩子明明比你家孩子还

要大2岁，为什么没有你家孩子懂事呢！每一次我出门，他就像个小尾巴一样，非要跟着去。"

我笑着说："这是因为孩子非常依恋你。"

小季叹了一口气后，感叹道："过度依恋就成了黏人了，他什么时候才能学会独立呀！"

其实，孩子太黏人是因为他依恋的人没有给予他足够的安全感。安全感的缺失会使孩子抗拒独立。那么，小季的孩子为什么会缺乏安全感呢？通过和她的交谈，我了解到了原因。

小季夫妻的工作都很忙，没有那么多的时间照顾孩子。所以他们在孩子不到1岁的时候，就聘请了一位保姆，让保姆来照顾孩子。小季和自己的先生下班回到家后都非常疲惫，陪伴孩子的时间十分有限。他们为了转天有副好的精神面貌面对工作，晚上也不会带孩子睡觉。

小季聘请的保姆将孩子的衣食住行照顾得很好，但是孩子缺少精神上的照顾。随着孩子渐渐长大，父母的忙碌和缺少陪伴使得他内心变得越发孤单，越发没有安全感。安全感的缺失令他本能地用黏人的行为来使自己获得安全感。

孩子越是黏人，独立性就会越差。就像小季的孩子，不管是能做的，还是不能做的，他都不敢去尝试，而是选择让父母来帮他做。他的最终目的是黏在父母身边，希望父母能够陪伴他，让他有安全感。

02

在孩子成长的过程中，他会对父母产生依恋，其实这是一种正常的心理需求。就如法国著名心理学家瓦隆所说："如果孩子没有依恋心理，就会成为恐惧的牺牲品。"也就是说，孩子对父母或其他抚养人缺乏依恋感，就会产生恐惧心理，而恐惧心理等同于没有安全感。

所以孩子是可以依恋父母的，但是这里的依恋要把握尺度。一旦过于依恋，就会造成其丧失独立性。因为过于依恋父母，会使孩子特别黏人。而孩子越黏人，其独立性就越差。

曾经有位心理学家就孩子的过度依恋与独立性的关系做了一个实验：

心理学家选择了数个年龄在2~3个月的婴儿作为实验对象，并根据婴儿的父母对婴儿的态度划分出A、B两组。

A组的父母在孩子哭闹的时候，依然耐心地哄着孩子，陪孩子说话、玩耍；B组的父母在孩子哭闹的时候不会哄孩子或逗孩子玩，而是将孩子抱在怀里走来走去。当两组家庭的孩子分别成长到1岁左右时，孩子们的心理便出现了明显的差别。

A组的婴儿依恋父母，但不黏父母。只要父母在他们身边不远的地方，绝大多数时间都能独自玩耍。而B组婴儿依恋父母，更黏父母，会时常对父母哭闹，要求父母抱抱，他们抗拒在没有父母陪伴下玩耍。

由此可以看出，A组的孩子对父母的依恋度刚刚好，内心极具安全感，而安全感能够让他们独立去做某些事情；而B组的孩子过于依恋父母，内心缺乏安全感，而安全感的缺失使他们抗拒独立去做某些事情。所以孩子对父母的依恋度决定了孩子的黏人程度，而黏人程度又能够直接决定孩子的独立性。

父母想要孩子成长为一个独立的人，就要遏制孩子的黏人行为。从根源上解决的方法是，将孩子从依恋型转化为安全型。简而言之，就是要给予孩子内心足够的安全感。

03

在将孩子从依恋型转化为安全型前，我们需要先明白，孩子为什么会过于依恋父母？

原因有很多，比如父母过于溺爱孩子。当父母过于宠爱孩子，事事替孩子做主时，孩子就会对父母产生强烈的依赖感，孩子对父母的依赖感越强，就越会黏着父母；又比如父母很少陪伴孩子。父母是孩子最为亲近的人，也是他们的依恋对象，所以他们的内心是渴望父母陪伴的。为此，孩子会用黏人来牵绊父母，不让他们离开自己。

此外，当孩子处在一个令他恐惧、惶恐不安的环境中时，他也会过于的依恋父母、黏父母。

因此，我们需要从两个方面来将孩子从依恋型转化为安全型。

第一，要给予孩子足够的安全感。孩子的安全感来源于父母的陪伴，不管父母有多么的繁忙，都应该要抽出足够的时间来陪伴孩子。即使要离开孩子，也要事先告诉孩子自己离开的原因是什么，不让孩子处在父母离开的忐忑之中。在日常生活中，也要不吝啬地表达对孩子的爱。当孩子有了足够的安全感后，就不会过于依恋父母和黏人了，也会逐渐变得独立起来。

第二，从小培养孩子的独立能力。独立性强的孩子，会依恋父母，但是不会黏父母；独立性差的孩子，会过于依恋父母、黏父母。这是因为独立性能够建立孩子的自信心、责任心。所以我们要从培养孩子的独立性上来解决孩子过于依恋父母、黏父母的问题。

孩子的独立不取决于年龄，只要我们与孩子都准备好，就能培养出孩子的独立性。不过我们需要根据孩子的自身情况对孩子一步步放手。当孩子学会独立，就不会表现出黏人的行为了。

让"主动"自动发生，需要父母的身体力行

01

我的孩子是一个芭比娃娃控，她的芭比娃娃足足有三大收纳箱。这些芭比娃娃绝大多数是她过生日时家人送给她的。每一天，她都会打开收纳箱，将她喜欢的娃娃拿出来玩上一番。她会给芭比娃娃们换装、梳头发，并办上一场茶话会，玩得不亦乐乎。

但令我头疼的是孩子每次玩完后，都不知道将娃娃们放回收纳箱，总是这里放一个，那里放一个，尽管我说了很多次，她依然玩的到处都是，也没有自己整理的意识，为此我不得不强制性地要求她自己去收拾。

我每次命令孩子收拾自己的玩具时，她都会对我说些"自己不会收拾"或是"收拾不好"这样的话。不过我每一次都不予理会，她得不到回应后便会自顾自地收拾起来。但是时间一久，我发现我的强制命令并没有使她独立，反而令事态朝着不好的方向发展，因为她不再频繁地玩芭比娃娃了。

我问孩子："为什么不玩娃娃了？"她对我说："玩了之后还要收拾，我不想收拾。"

玩具玩过之后，确实需要收拾，而不想收拾的最好方法就是不玩。从她的话语中我意识到，当我强制性地要求她收拾时，她非常的抗拒。让孩子收拾自己的玩具，其实也是一种培养其独立性的表现，但是孩子的内心是抗拒的。

孩子为什么会抗拒独立呢？

我有思考过，最终得出她是因为我的强制、命令而抗拒的。因为我的强制和命令使她处在了一个被动的位置上。为了证实我的结论，我又要求她自己整理房间，她为了逃避去做这件事，睡觉的时候便很少动叠好的被子，不会再乱动书桌等。

其实不只是孩子，成年人在被要求做一件事时，哪怕这件事原先并不讨厌，但因为被动，内心也会不由自主地抗拒。所以让孩子被动地去做事，他们将永远学不会独立。只有将主动权交到孩子的手上，他们才能成为真正独立的人。

02

孩子的独立与年龄无关，只要父母与孩子都做好准备了，就可以开始培养孩子的独立能力。不过在孩子很小的时候，他们并不能真正地意识到什么是独立。我们要想培养孩子的独立能力，只能要求孩子独自去做某件事，但是这种方式取得的效果并不好。

父母要求孩子去做某件事时，其实是将孩子放置在被动的位置上，而被动又会令孩子对独立心生抗拒。

因为从心理学上来说，父母的强制或命令会使孩子产生畏惧心理。我们强制性或命令性地要求孩子去做某件事时，会不由自主地摆出严厉的表情。孩子的年龄越小，就越会对父母的严厉感到恐惧，他们会潜意识地认为父母命令他们去做的事，是必须要做的，不可以违背。

我举个例子，比如要求孩子去收拾弄乱的玩具，我们严肃的语气会令孩子产生恐惧，并认为玩具是不能弄乱的。但实际上我们并不反对他们玩玩具，只是想让他们独自整理好而已，但是孩子为了不让父母再摆出严厉的表情，会选择不再去碰触。这样的结果与我们培养孩子独立能力的初衷是背道而驰的。因为孩子不弄乱玩具，就不能去收拾、整理。得不到实践，又谈何独立！

父母的命令容易激起孩子的逆反心理，这也会令他们抗拒独立。因为随着孩子的成长，其自我意识会慢慢觉醒，会有自己的想法。当父母一味地要求孩子做这做那，孩子就会感觉自己的思想被压制，而他们在思想上的反抗，在现实中就会表现为叛逆的行为。

此外，孩子如果有懒惰心理的话，也会抗拒独立。因为独立意味着自己的事情自己做，尤其是对一些被父母照顾的无微不至的孩子来说，在面对父母要求做的事情时，更会选择偷懒、躲避。

我们需要明白，真正的独立不是父母的命令与催促，而是自然而然地发生的。只有让孩子主动去做，才能让他们学会独立。

03

如何让孩子掌握主动权，让独立自然而然地发生呢？最好的方法就是父母要身体力行，在孩子面前树立一个积极而独立的形象。

比如我强制性地要求孩子整理玩具这件事，当我发现我的强制并没有帮助孩子走向独立时，我改变了方法。每次孩子玩完玩具后，我会跟孩子比赛整理物品，她整理玩具，我整理家庭物品。我的身体力行和比赛机制的激励，使得她在整理时非常有动力。渐渐地，她不单单会整理玩具，也会整理其他的物品。可见，她将整理玩具当成一种习惯。

父母在身体力行时，有几点需要注意：

第一，孩子绝大多数的行为，都源于对身边最亲近的人的模仿。父母作为孩子最亲近的人，需要在孩子面前展现出身体力行的一面。当孩子看到父母自己的事情自己做时，他会有样学样，而这就是独立。

需要注意的是，孩子在很小的时候，就懂得探索外界了，并以探索到的认知作为自己的行事标准。所以父母要在孩子很小的时候，就向孩子展现自我身体力行的能力。当孩子有了独立的认知，才会去贯彻执行。

第二，孩子的思想观念很大程度上受到了父母的熏陶。父母从小给孩子灌输独立的思想观念，孩子就会潜意识地去独立。

除了帮助孩子树立独立的观念，还要培养孩子的意志力。只有这样，孩子才能在独立的路上越走越好。

培养孩子独立性时，不要一个人教，一个人宠

01

我在孩子很小的时候，就将培养她独立能力的计划提上了日程。孩子在独立的过程中，难免会遇到挫折和困难。我在教导她要坚持、要勇敢时，时常会有一个家庭成员跳出来与我唱反调，给予孩子无尽宠溺，这使得我的教导成果差强人意。

其实，这种一个人教，一个人宠的情况在很多家庭都会上演。当这种教育模式侵入孩子的独立教育之中，孩子将怎么也学不会独立。

我说一个发生在我孩子身上的事例：

在我孩子5岁左右时，我给她买了一辆自行车。我让孩子学习自行车的目的是为了提升她的独立能力。因为学习骑行的过程有助于磨炼孩子的意志力，提升孩子的独立性。为了让孩子有兴趣去学习骑行，我在购买自行车前

特地询问了她喜欢的款式和颜色，所以当自行车运到家中时，她表现出了极大的兴趣，迫不及待地想要到楼下骑行一番。

起初的时候，孩子非常有兴致，她会认真地听我说骑行的技巧，会积极地去尝试。但是在接二连三地摔倒后，她消沉起来，跟我说不想学了。我告诉孩子，每个人在学骑自行车的时候都会摔倒，只要坚持下去就能学会。在孩子犹豫着到底要不要坚持时，我的家庭成员和我唱起了反调。

比如孩子的爷爷奶奶，他们会说孩子现在还小，可以等大一点再学习。而孩子在听完爷爷奶奶的话后，仿佛找到了重心所在，毫不犹豫地拒绝再练习自行车；又比如孩子的爸爸会寸步不离地扶着孩子的自行车，让孩子在他的保护下学习骑行。然而不懂得放手，孩子又怎么能学会骑车呢？

所以在一个教，一个宠的环境中，我的孩子迟迟没能学会骑自行车。当其他同龄的孩子能够独自骑着自行车在小区里玩耍时，我的孩子还像一个小尾巴一样，跟在我的身后。由此可见，将孩子放置在一个人教，一个人宠的环境中是不利于培养孩子独立能力的。

02

孩子的独立能力并不是与生俱来的，它需要通过后天的训练获得。但是，我们在培养孩子的独立能力时，往往会听到有家庭成员与自己唱反调。比如在孩子独立学习的过程中，孩子肯定会遇到困难，想要放弃，你教导孩子要坚持，而唱反调的人会告诉孩子坚持不了就放弃。这种一个教，一个宠的教育模式，会让孩子不由自主地选择令自己舒适的做法。

其实不只是我们的孩子，成年人在遭受困难时，如果听到有支持自己放弃的声音，也会忍不住动摇。比如你在加班的时候，一个领导给你加油打气，让你继续坚持，一个领导却告诉你不需要加班，可以回家休息。这个时候我们的内心肯定会有所动摇，并选择听从有利于自己的指令。我们的孩子虽然小，但也会跟随自己的本心去选择。

那么，为什么一些家庭会出现一个人教，一个人宠的这种情况呢？

以我的家庭为例，我在孩子很小的时候，就有意识地培养其独立能力了。然而孩子的年龄越小，能力就越弱，在学习独立的过程中遇到的挫折与困难就越多。孩子在遇到难题时会用哭闹的方式来发泄，而哭闹又能打动内心柔软的人，这才使得我在教育孩子的时候会有家庭成员与我唱反调。

不管每个家庭出现一个人教，一个人宠的原因是什么，但它给孩子造成的影响是一样的，其中的弊要远远大于利，而首当其冲的就是影响孩子的独立。

因为独立是一种本领，需要付出很多汗水才能学会，父母的宠爱会干扰孩子学会独立的进度，使得孩子学习独立的能力变弱。

我们在教导孩子独立时，会向孩子传达坚持、不向困难低头的思想观念，这种观念能够帮助孩子蜕变得更出色。但是，宠爱孩子的人会向孩子传达相反的思想观念。当孩子没有学会坚持，总是向困难低头，那么他的人生是可以预见的，必定充满坎途。

此外，一个人教，一个人宠的教育方式还会影响亲子关系。在亲子关系中，孩子感受到谁对他好，就会和谁亲近。在一个人教，一个人宠的环境中，孩子会亲近对他宠爱的人，疏远教导他的人。

因此不管是为了培养孩子的独立能力，还是维持家庭亲子关系的平衡，都不能有一个人教，一个人宠的情况发生。

03

我们在教导孩子独立时，如何杜绝出现一个人教，一个人宠的情况发生呢？

第一，不管在哪个年龄段，都是可以学习独立的，哪怕是年龄再小的孩子，只要做好迎接独立的准备，也是可以学习独立的。所以当建立起孩子的独立不取决于年龄这样的思想观念后，就不会不自知地去宠爱孩子了。

第二，在教导孩子独立时，父母或其他家庭成员要观点一致。就算观点不一样，也不要当着孩子的面表现出来。

对孩子来说，父母的观念相同会让他觉得在独立这条路上无路可退，一旦父母的观念不合，那么他就有了退路。我们需要明白，独立是一条漫长而坎坷的路，需要勇往直前走下去。因此在教导孩子独立之前，父母需要先商量好，让声音保持一致。

第三，父母要轮流教导孩子独立。学习独立的过程困难重重，很容易使孩子产生抵抗的情绪，而这股情绪会蔓延到教导他独立的人身上。所以不管是为了保持良好的亲子关系，还是让孩子更好地去独立，教导独立这件事都应该由父母共同去做。

向靠谱父母学习，为孩子独立早做准备

01

有一回，我和朋友聚餐，邻桌发生的一幕让我颇有感触：

当时邻桌坐着一对小夫妻，小夫妻的身边坐着一个3岁左右的孩子。在吃饭的时候，孩子刚拿勺子自己吃，他的妈妈就自然而然地从孩子的手里拿过勺子和碗，准备喂孩子。孩子的爸爸见状，皱着眉头对孩子的妈妈说："你总是喂，孩子始终学不会自己吃饭。"

孩子妈妈听后不以为然，她说："我朋友家的孩子吃饭的时候，也是家里人喂的。你看，现在孩子快10岁了，自己吃得好的很呀！"她的言外之意是孩子随着年龄的长大，自然而然就懂得自己吃饭。

生活中的一些基本技能，的确会随着孩子的成长而慢慢掌握。但是如果在孩子没有掌握这些基本技能之前就离开父母的身边，那么基本技能的缺失就会给孩子造成很大的困扰。

就比如吃饭这件事，当孩子进入幼儿园后，不懂得独立吃饭，肯定会有饿肚子的时候，因为老师不可能围着一个孩子转，也不可能天天喂每一个孩子吃饭。孩子在承受一段时间的饥饿后，才会主动地学习独立吃饭。

这个学习的过程，对孩子来说是需要付出代价的，也会给孩子造成很大的压力，甚至会使孩子出现抗拒入园的情绪。相反，如果在孩子没有进入幼儿园之前就有意识地去锻炼孩子独立吃饭的能力，那么孩子就不会饿肚子，能够快速适应幼儿园的生活。

可见，那位年轻妈妈选错了学习的对象，因为她学习到的教育方式没能起到培养孩子独立能力的作用。

其实，在我的孩子身上，也有件令我印象极为深刻的事：

我的孩子特别怕热，尤其是睡觉的时候，身上总会出很多汗。如果不及时换上干衣服，她就会受凉、生病。所以我会在孩子睡觉之前给她换上睡衣，等她睡醒后再换上白天穿的衣服。我有考虑到孩子进入幼儿园后，因为班级的人数众多，不同的孩子有不同的需求，老师可能做不到每天给我的孩子换睡衣，所以我更希望孩子能够独立完成脱衣穿衣。

为此，我在孩子2岁多一点时，就开始训练她独立完成脱衣服、穿衣服的技能。在这个过程中，孩子每次遇到困难都会哭着说自己不会。她的哭声总能让爷爷奶奶对她伸出援助之手，因为隔代亲的缘故，爷爷奶奶也会对我说"谁谁家的孩子上了幼儿园后，自然而然就会穿衣服、脱衣服"这样的话。

当然，我并没有向别人家的父母学习。因为我始终坚信，独立不取决于年龄。就算要向其他父母学习，我也要向靠谱的父母学习，为孩子的独立打好基础。

02

一千个读者，就有一千个哈姆雷特。因为人们所处的位置不同，看待事物的眼光、想法也就不同。同样的，在教育孩子的时候，一千对父母，就有一千种教育孩子的方法。因为孩子之间会有差异，父母的想法也各有不同。

教育是一项大工程，需要我们不断学习和探索。对于其他父母的教育方法，我们可以学习，但需要选择那些靠谱的父母的教育方法来学习。

就比如说孩子的独立，一些父母会认为孩子随着成长，自然而然就学会了独立，不需要有意识地去锻炼。这样的教育方法显然是不靠谱的。

诚然，我们的孩子随着年龄的增长，确实能够掌握一些独立技能。但是在相应的年龄没有掌握必须要掌握的独立技能，对孩子来说就是灾难，首当其冲的就是会令孩子丧失自信。因为当孩子看到其他小朋友都会的东西自己却不会，这股落差感会令孩子陷入自卑，自信会一点点消失。而自信心的缺失，会使孩子变得胆小、敏感脆弱、消极、轻言放弃等。

我们可以向其他父母学习，但前提是我们学习的父母必须是靠谱的，只有从靠谱的父母身上学习到的教育方式才能够提升孩子的独立能力。

03

独立能力是每个孩子必须要具备的一种能力，当孩子有了独立能力，他才能选择他想要的生活。就像英国的探险家贝尔·格里尔斯，因为他掌握了独立野外生存的能力，他才能成为一名出色的探险家。所以每一位父母都需要看重孩子的独立能力，为孩子的独立早做准备。

在培养孩子的独立能力上,我有两点建议:

第一,我们需要向其他父母学习,但是要向靠谱的父母学习。教育是有技巧可言的,单凭自己去摸索会走许多的弯路,所以学习其他父母的教育方法与技巧是很有必要的。不过不是每一位父母都值得我们去学习,真正值得我们学习的是那些能够教出独立孩子的靠谱父母。

第二,结合孩子的自身情况,选择适合孩子的培养方法。每个孩子的情况都是不同的,同一种方法,可能用在这个孩子身上能够培养出其独立能力,但是用在另外一个孩子身上就起不了作用。所以我们不能盲目地照搬他人培养孩子独立能力的方法与技巧,而是应该要结合孩子自身情况,选择适合他的方法。

第二章
科学处理"分离期",从懵懵懂懂开始独立教育

　　孩子就像是蒲公英的种子,待成熟后会乘着风儿去远行,所以孩子终究会有离开父母的一天。对孩子来说,他会经历很多个"分离期",如果不处理好这些分离,会对孩子的身心造成伤害。因此我们要科学处理孩子的分离期,从小就对孩子实施独立教育。

孩子长到几岁，最适合和父母分床睡

01

几年前的某个周末，我约了几个朋友去吃饭，其中一个朋友是带着孩子去的。当时，她的孩子只有5岁，是个活泼可爱的小男孩，正在读幼儿园中班。

我很喜欢小朋友，就逗弄起朋友家的孩子。因为当时正是夏季，大人小孩都穿着短袖，不经意间我发现孩子的手腕上有很多的牙印。这些牙印深浅不一，仔细看，有的是刚咬上去的，有的是咬过一段时间，还没有恢复过来。

我就问我的朋友："孩子的手腕上怎么有那么多牙印子？是班里其他小朋友咬的吗？"我仔细看过，孩子手腕上的牙印很小，是小朋友的"杰作"。

朋友叹了口气说："这是他自己咬的。"

我听后非常诧异，就疑惑地问她："好好的，孩子干吗咬自己呢？"

朋友给我解惑说："幼儿园里不是有午睡吗？他天天睡不着。老师又不让他活动、讲话，他觉得无聊，就咬自己的胳膊玩。我已经跟他说过很多次了，但他还是没有改过来。"很显然，孩子午睡的时候咬自己胳膊的行为已经发展成了一种习惯。

后来我问孩子："为什么睡不着？"他回答我说："因为爸爸妈妈没有陪我睡。"

从孩子的话中我得出，我的朋友还没有实施与孩子分床睡。

那个时候，我的孩子比朋友家的孩子小2岁，再过不久就要进入幼儿园了。在没有经历朋友家的孩子事情之前，我计划着在孩子5岁的时候再分床睡。但事实告诉我，孩子需要更早的分床睡。所以我在孩子快要入园之前，就将分床睡这堂课提上了日程。

我没有在卧室的床边摆上一张小床，而是在床边摆上了孩子最喜欢的小帐篷。因为在此之前，我向孩子说了让她睡小床的建议，她表现得很抗拒。当我提出让她睡小帐篷里时，她欣然同意了。

为了让孩子有单独睡的积极性，我和她一起将小帐篷装饰了一番，我们在帐篷里铺上了她喜欢的小兔子图案的被子，在被子上放了很多她喜欢的小布偶，还在小帐篷的四周挂上一闪一闪的星星灯。

这期间，孩子有过不想一个人睡的想法，但在我的鼓励下，她最终坚持了下来。后来孩子进入了幼儿园，即使我不陪着她睡，她也能在自己的小床上安然入睡。

02

我的孩子从小就和我睡，所以我在和她分床睡时会感到不适应。我仔细分析了一下，我的不适应有两个方面：一方面是习惯上的骤然改变；一方面是担心孩子一个人会睡不好，比如会着凉、睡眠质量不佳等。

相信很多父母都会跟我有同样的感受。但是我们必须明白，每个孩子都需要跟父母分床睡，这是他们人生的必经之路。与父母分床睡是有利于孩子成长的。

从身体上来说，分床睡有利于孩子的生长发育和身体健康。因为成年人的肺活量要远高于孩子，同床睡时父母会吸走大量的氧气，呼出大量的二氧化碳，如果孩子睡在父母之间，并且正对父母的口鼻时，就如同处在一个氧气不足、二氧化碳较多的小环境中，这无疑会影响孩子的生长发育。

此外，父母呼出来的气体中夹杂着很多细菌，甚至是病毒，这很容易引起交叉感染。所以尽早与孩子分床睡，有利于孩子的生长发育与身体健康。

从心理上来说，分床睡有利于帮助孩子建立性别意识，提升孩子的心理素质。我们的孩子在3岁的时候，就已经能分清楚自己的性别。这个时候与孩子分床睡，能够让他们更加清晰地认知自己的性别，学会保护自己。

另外，孩子越早一个人睡，越能克服一些常见的恐惧心理，比如害怕黑暗、害怕自己想象中的怪兽等。通过锻炼，孩子就会有一颗强大的内心。

从能力上来说，分床睡有利于培养孩子的独立性。在孩子眼里，一个人睡代表着长大了，所以他会将自己当作一个小大人，学会自己的事情自己做，也会帮助父母做一些力所能及的事。当孩子懂得了独立，他在哪儿都能大放光彩。

因此作为父母的我们，要懂得控制自己的分离焦虑，给孩子一个人睡的机会。

03

孩子长到几岁，最适合和父母分睡床？

在孩子2岁之前是必须与父母睡的。因为在这个时期，孩子的内心缺乏安全感，需要父母的陪伴与安抚。在孩子2岁之后，萌生了自我意识时，可以试一试与孩子分床睡。不过我建议不能强迫孩子，因为越是强迫，越会令孩子抗拒一个人睡。

在孩子4~5岁时，必须要完成与孩子分床睡。因为这个年龄阶段，是孩子独立思想形成的关键时期，我们想要培养孩子的独立性，就要让孩子做到独立睡。

如何帮助孩子实现独立睡呢？我有这样几个建议：

第一，循序渐进地实现分床睡。在孩子2岁左右的时候，父母可以对孩子实施分被不分床，就是在同一张床上睡，但是盖不同的被子。当孩子适应了分被不分床后，日后面临分床睡时就不会有强烈的抗拒情绪了。

需要注意的是，我们在分床睡时，不能一下让孩子独自睡一个房间，应该要先分床不分房，再分房不关门，最后再到分房独立睡。这样一个循序渐进的过程，既有利于孩子心理健康的发展，也能让孩子养成独立睡觉的习惯。

第二，要给孩子一个分床睡的仪式感。在孩子分床睡的那天我们可以带着孩子选购一张他喜欢的床，让孩子意识到自己真的要独立睡了。同时，也可以像我和我的孩子一样，共同将孩子的小床装饰一番，让孩子更有动力自己一个人睡。

第三，切记勿要半途而废。很多父母在孩子很小的时候就让孩子一个人睡了，但是当孩子表露出害怕、不舍的情绪时，父母又会不忍心，然后让孩子回来一起睡。这样反反复复会使孩子永远学不会一个人睡，也令他们对父母的依赖感越来越强。

在对孩子实施分床睡这个计划时，一定要狠下心，坚持到底。当然有些特殊情况例外，比如当孩子生病了，在家之外的地方留宿时，是可以一起睡的。

孩子要入园了，怎样克服"分离焦虑"

01

我家的楼下，有一所幼儿园。天气很好的时候，老师们会带着孩子在操场上做早操，那轻松、欢快的音乐和孩子们天真无邪的欢笑声传遍了整个小区。

每天早上，我的孩子都会早早起床，她会拉着爷爷奶奶去楼下的幼儿园栅栏外，看着幼儿园的孩子们在一起做游戏。这样的氛围让她还没有入园，就对上幼儿园产生了特别的向往。她会经常问我，她还要等多久才能上幼儿园？

孩子迫不及待想要上幼儿园的表现，让我很安心，因为我身边很多朋友家的孩子在入幼儿园前都出现了分离焦虑。

就这样，一转眼孩子就要入园了。我带孩子去幼儿园报名时，她显得很开心，和老师玩了很久。为了让她喜欢上学，我还带着她购买了她喜欢的书包和文具。不过，让我意想不到的是，随着入园的时间越来越近，孩子终究还是爆发出了不愿入园的情绪。

那天晚上，孩子睡在床上，情绪低落地对我说："妈妈，我能不能不去幼儿园了，我想在家里陪你们。"

我跟孩子说不能，并问她为什么不想去，她也说不出原因。后来，我就给她做心理辅导工作，告诉她幼儿园生活的美好。之后的几天，孩子对上幼儿园依然很抗拒。尤其是在入幼儿园的那天，抗拒的情绪特别大。

我将孩子交给老师后并没有立马离开，而是在门外看了一会儿。她在老师的安抚下情绪渐渐稳定下来，便去玩玩具了。放学我去接她回家时，她没看到我之前虽然不太高兴，但并没有哭。反倒是看到我之后，眼睛里立马涌出了泪水。

结合孩子入园前后的表现，她显然是出现了分离焦虑。不过她的分离焦虑只持续了几天，当她适应了幼儿园生活后，焦虑就被克服了。而和她一起入园的孩子，有的度过了一个学期，还没有克服分离焦虑。

02

什么是分离焦虑？

从心理学上说，分离焦虑是指婴幼儿和某个人产生感情后，在与其分离的时候会产生伤心、痛苦、焦虑不安等负面情绪。通常，分离焦虑多发于入园前的孩童身上。

我们的孩子在入园前为什么会产生分离焦虑呢？我分析了一下，主要有以下几个原因：

首先是环境上的巨变。环境的巨变主要体现在三个方面：

第一个方面是生活规律与生活习惯的改变。很多孩子在家中的生活都是随意的，什么时候困了就什么时候睡，什么时候饿了就什么时候吃饭。但幼儿园不同，孩子的作息都被安排好了，像吃饭、睡觉、游戏、上课等都必须在规定的时间内完成。

此外，在家中父母给孩子准备的饮食，大都是孩子喜欢的，但幼儿园的饮食不能保证符合每个孩子的口味。

第二个方面是所接触的人的改变。孩子在没有入园前，所接触的都是熟悉的人。但在入园后需要去面对很多的陌生面孔，比如老师、同学、学校的其他工作人员等。孩子在没有摸清楚怎么与这些陌生人相处的时候，会持续地惶恐不安。

第三个方面是所处环境的变化。校园对孩子来说是一个陌生的环境，教室里的桌椅、床、洗手池等都会令孩子感到陌生。如果孩子不能适应，就会产生心理上的压力。这股压力，又会演变成焦虑。

其次是家庭原因。大量实践证明，父母平时不娇惯孩子，注重培养孩子的独立能力，那么孩子就能够快速地适应幼儿园生活，产生的负面情绪也较少。反之，父母对孩子太过娇惯和溺爱，对孩子大包大揽，那么孩子就需要花很长的时间去适应幼儿园生活，产生的负面情绪也较多。

最后是孩子自身的原因。孩子想要适应幼儿园生活，需要有一定的独立能力。当孩子无法独立完成吃饭、睡觉、脱穿衣服等行动时，就会感到沮丧，同时也会感到压力。这些负面情绪最终就演变成分离焦虑。

当然，孩子会有分离焦虑，也与孩子自身的性格有关。有研究表明，性格内向的孩子比性格外向的孩子更容易产生分离焦虑。

03

著名心理学家约翰·鲍尔比将孩子入园时产生的分离焦虑划分为三个发展阶段：

第一阶段：反抗阶段。这个阶段孩子抗拒入园的情绪是最激烈的，他们抗拒的方式也很激烈，比如会大哭大闹、乱扔东西等。

第二阶段：失望阶段。这个阶段孩子内心依然抗拒入园，他们还是会哭闹，但是不再歇斯底里，有时候会用不理睬的方式来表达自己不想入园的想法。即便孩子再抗拒，但也明白自己的抗拒没有用，明白最后还是要去上幼儿园。

第三阶段：超脱阶段。这个阶段孩子已经完全接受入园的现实，他们在幼儿园内会尽自己所能地适应幼儿园的生活。不过在看到父母时，还是会表现出伤心难过的神情。

其实，我们的孩子在入园时都会或多或少地产生分离焦虑。只不过有的孩子能早早克服，有的孩子迟迟不能克服。

当孩子迟迟不能克服分离焦虑时，会给孩子的身心健康带来危害，比如会令孩子抵抗力下降，容易生病，会令孩子性格变得自闭、孤僻等。因此在孩子要入园时，父母一定要学会观察孩子是否产生了分离焦虑，孩子的分离焦虑发展到了哪一个阶段，最后再想办法帮助孩子克服分离焦虑。

怎么帮助孩子克服分离焦虑呢？

第一，带孩子熟悉幼儿园环境，当孩子对幼儿园的陌生感没有那么强时，就不会产生强烈的分离焦虑。我的孩子在入园时也出现了分离焦虑，不过她的分离焦虑症状很轻，持续时间很短。这是因为我们有提前带她熟悉幼儿园环境、接触老师。

第二，可以与孩子分离一段时间，让他们尽早适应没有父母陪伴的生活。当孩子从未与父母分开过，猛然与父母分离时就会产生不舍、不安。当分离的次数多了，情绪、心理上也就没有那么敏感了。事实证明，那些时常与父母分开的孩子，他们比一次没有或很少与父母分离的孩子要更能适应幼儿园生活，产生的分离焦虑也较少。

第三，培养孩子的独立能力，减少他们对父母的依赖感。我平时很注重对孩子独立能力的培养，因为独立能力强的孩子能够自理自己的生活，能够跟上幼儿园的生活节奏。同时，独立能力强的孩子对父母也没有那么强的依赖感。所以独立能力强的孩子能够快速适应幼儿园生活，并很少会产生分离焦虑。

第四，当孩子产生分离焦虑时，我们需要给孩子做心理上的引导。父母要让孩子明白，幼儿园的生活是每个孩子都必须要经历的，与父母的分离也仅仅是短暂的分离。同时也要告诉孩子，幼儿园的生活是非常美好的。只有当孩子的内心不再抗拒上幼儿园，他才能真正克服分离焦虑。

入园的条件不是年龄,而是你让他做好准备没有

01

我的同事小安是一个非常乐观的人,但最近她总是唉声叹气。出于对她的关心,我忍不住问她:"怎么了,是不是遇到了烦心事?"

小安很苦恼地说:"是有一件烦心事,我最近一直在纠结要不要将孩子送去幼儿园。"

我听后不以为然:"你想送就送,不想送就不送,这有什么好纠结的?"因为要不要送孩子进幼儿园的主动权,是掌握在我们家长手中的。

小安叹了口气:"我很想将孩子送去幼儿园,但是我觉得他年龄太小,不一定能适应幼儿园的生活。所以我想着是不是要等他大一点,再送去幼儿园。大一点的话他应该能更好地适应幼儿园生活。"

我问小安:"孩子几岁了?"她告诉我,她的孩子还不到3岁。我听后

不禁摇了摇头。在小安疑惑的目光中，我问她："你怎么这么肯定孩子年龄大，就一定能够适应幼儿园生活？孩子年龄小，就一定不能适应幼儿园生活呢？"

小安嘴巴张了张，似乎想不出理由。我对她说："孩子入园的条件不是年龄，而是你让他做好准备了没有？就像我的孩子，她也是不满3岁入园的，但是却适应得非常好，有些比她年龄大的孩子适应得也没有她好。"

小安皱起眉头问我："入园还需要做准备？"

"当然，"我点了点头，继续说，"孩子做好去幼儿园和与父母分离的心理准备了吗？做好独立应对幼儿园生活的准备了吗？做好自理的准备了吗……如果这些他都准备好了，那么入园的年龄就成次要的了。"

其实，年龄并不一定是入园的必要条件。有些孩子年龄小，但是却能够克服分离焦虑，能够很好地适应幼儿园的生活，独立能力和自理能力也很强，那么他们是完全可以入园的。相反有些孩子年龄大，但无法克服分离焦虑，也缺乏独立与自理能力，那么这些孩子是不具备入园条件的。所以父母应该烦恼的不是孩子什么年龄段入园，而是孩子有没有做好入园的准备。

02

对我们的孩子来说，幼儿园是一个崭新的环境。不管是接触到的人，还是生活方式和生活习惯，都是陌生的。

就像我们成年人想要去一个陌生的城市发展，必然要先做好计划，比如要做路线的规划、要查找这个城市的热门行业和职位、了解城市的经济水平等。在有了一定的了解后，才能很好地融入这个城市。

我们的孩子想要很好地融入幼儿园生活，也需要做好入园前的准备。通常在一些幼儿园的招生简章中会对新入园的孩子有所要求，比如说明孩子要有一定的自理能力。

在一个班级中，老师的数量是少于孩子的，所以老师不可能只为一个孩子服务，这就要求孩子必须具备一定的自理能力。比如要会自己吃饭、自己脱衣穿衣等。孩子有一定的自理能力，不仅有利于班级顺利运转，同时还有利于孩子健康快乐地成长。

又比如规定孩子要有一定的语言表达能力。在幼儿园中，老师不可能时刻将目光放在一个孩子的身上，老师更希望孩子能够主动向老师反映自己的问题，比如可以主动告诉老师自己尿裤子了、与其他同学闹矛盾了等。老师在了解了问题后，才能去及时处理。所以孩子需要具备一定的语言表达能力。

当然，孩子也需要具备一定的交际能力。对孩子来说，幼儿园是一个大环境，有很多陌生的小朋友，孩子想要融入这个大群体是需要有交际能力的。当孩子能够和其他小朋友聊天、玩耍时，就不会抗拒幼儿园生活了。

更为重要的是孩子要做好与父母分离的准备。因为当孩子没有做好与父母分离的准备时，进入幼儿园后会出现分离焦虑。这种负面的情绪会使孩子难以管教、无法融入集体，不但使老师的工作加重，还会影响到其他孩子的情绪。

除了幼儿园会对孩子入园有所要求外，作为父母，我们为了孩子能够适应幼儿园生活、懂得保护自己，也要有所要求，比如孩子要有初步的性别意识。对于女孩来说，要有不能在男孩面前脱换衣服、不能和男孩一起上厕所、不能将隐私部位给别人看或碰触等意识。

孩子只有先做好入园的准备，他才能在幼儿园中如鱼得水。而顺遂的幼儿园生活会令孩子快速地克服分离焦虑。

03

技多永远不压身。孩子准备得越多，就越能适应幼儿园的生活。那么孩子入园之前，具体需要做好哪些准备呢？

第一，绝大多数孩子抗拒入园是因为他还没有做好心理准备。他的内心害怕面对新的环境、害怕接触陌生的同学与老师、害怕与亲人分离、害怕自己做不好……哪怕一些孩子的各方面能力还不错，也会因为未知而产生恐惧心理。因此在孩子入园前，父母需要对孩子进行心理建设，帮助他们做好心理准备。

对此，父母需要告诉孩子，每个小朋友都需要上幼儿园，可以告诉孩子幼儿园生活的美好，还可以带孩子提前熟悉幼儿园的环境等。当孩子一点点接受上幼儿园的现实，等到真正入园时才不会产生强烈的抗拒心理。当然，父母也可以与孩子适当分离，以此来锻炼孩子，削弱他们入园时的分离焦虑。

第二，幼儿园是一个与家截然不同的环境，孩子想要适应，就必须要具备一些能力。比如交际能力、独立能力、自理能力、自我保护能力、语言表达能力等。孩子的能力掌握得越多，就越能适应幼儿园生活。

孩子的年龄并不是入园的首要条件，我们与其纠结孩子该在哪个年龄段入园，不如先帮助孩子做入园准备。只要入园工作准备做到位，孩子在哪个年龄段都能入园。

孩子入园前，父母必须要进行适当的心理辅导

01

小石头是我邻居家的孩子，是个活泼的小男孩。他和我的女儿年龄相仿，所以两个孩子成了关系特别好的玩伴。后来两个孩子一同入园了，不同的是，我的女儿快速适应了幼儿园生活，而小石头适应了好几个月，依然抗拒入园。

我仔细分析过，小石头的独立能力、自理能力都比我的孩子强，而他不愿意入园的原因是他的父母没有对他做入园前的心理辅导。不仅如此，有时候小石头的爷爷奶奶会不经意地给他灌输"幼儿园很可怕""老师很可怕"的思想观念。我举个例子：

有一次，我带孩子去楼下玩时，恰好碰到了小石头和他的奶奶。小石头是个很有活力的孩子，一会儿跑这儿，一会儿跑那儿。小石头的奶奶担心小

石头会跌倒，就让他不要跑。她见小石头不听，就忍不住吓唬他说："你再乱跑，我就把你送去幼儿园，让老师把你关起来。"

小石头一听，果然就不再乱跑了。

我的孩子听到小石头奶奶的话后，不禁懵懂又恐惧地问我："我乱跑的话，老师也会把我关起来吗？"很显然，她将小石头奶奶说的话听进了心里，并对上幼儿园起了恐惧心理。

我意识到，如果我不对孩子做心理辅导，她对上幼儿园的恐惧心理会越来越严重。所以我对她说："小石头奶奶是在吓唬小石头，幼儿园的老师可温柔了，她们非常喜欢小朋友，才不会把小朋友关起来呢！"

孩子听到我的解释后，悬着的心才放了下来。

而小石头呢？因为没有人对他进行心理辅导，使得他对幼儿园老师的恐惧心理一直存在，以至于他上了幼儿园后无法适应。当孩子越无法适应，就越会抗拒上幼儿园。

幼儿园是一个陌生的环境，而孩子对幼儿园的印象取决于他听到的信息。如果孩子接收的是幼儿园生活很美好的信息，孩子就会对幼儿园生活心生向往；如果孩子接收的是幼儿园生活很可怕的信息，孩子就会对幼儿园心生恐惧。

我们需要检讨一下，在孩子面前是否说过"带孩子太累了，上幼儿园我就解放了""你在幼儿园不好好睡觉，老师会把你关小房间"等这种抹黑幼儿园的话。这些话会让孩子对幼儿园产生恐惧心理，如果不及时开解，孩子将很难接纳、适应幼儿园。所以在孩子入园前，给孩子做心理辅导是非常必要的。

02

其实，不只是孩子，成年人在面对陌生的环境时，也会感到忐忑、茫然。不同的是，成年人懂得认清事实，会主动调节内心的消极情绪。而我们的孩子因为年龄小，在面对陌生环境时，只懂得用逃离的方式来克服内心的消极情绪。

对此，父母要对孩子做入园前的心理辅导，帮助他们脱离消极情绪。在对孩子做入园前的心理辅导前，我们需要了解孩子抗拒入园的心理有哪些？

幼儿园是个大集体，有许多陌生的同学和老师，当孩子担心自己不能和同学、老师友好相处时，就会抗拒入园；

幼儿园的生活具有纪律性，当孩子意识到自己不能再随心所欲时，也会抗拒入园；

幼儿园的生活对孩子的独立性和自理能力有一定的要求，当孩子知道进入幼儿园后什么事情都要靠自己时，会担心自己做不好，这也会使他们抗拒入园；

进入幼儿园，意味着要与父母短暂分离，如果孩子太黏父母，就会产生分离焦虑，这也使得孩子不愿意入园。

只有我们先充分了解孩子的心理，才能对孩子做心理上的辅导，帮助他们早早适应幼儿园的生活。

03

每个孩子抗拒入园的心理都是不同的，父母需要明确孩子不想去幼儿园的原因，然后再对症下药，给予孩子心理辅导。

在入园前，我们可以观察孩子的情绪、言行或是与孩子谈心，这能够使我们快速找到孩子抗拒入园的原因。

比如我的孩子，她在入园前也曾有过抗拒的心理，她抗拒入园的原因是担心无法与其他小朋友好好相处。所以在入园前的一段时间，我发现她情绪低落了很多，并时不时地跟我说"如果有小朋友欺负我怎么办""我的玩具被其他小朋友抢走了怎么办"这些假设性的话。

我的孩子没有直接跟我说她不想去幼儿园，但是通过她的情绪和言行是可以解读出她抗拒入园的想法与心理的。根据孩子的心理，做出相应的心理辅导，才能解开孩子的心结。

当然，在孩子入园前，我们也可以给孩子植入一些幼儿园生活很美好、老师和同学都很友好等这样的画面，让孩子对幼儿园的生活产生憧憬。

比如，我们可以跟孩子具体说一说老师会带着小朋友唱歌、跳舞、做游戏。当孩子对幼儿园有了一个美好的憧憬后，就不会有那么强烈的抗拒入园的情绪了。这些在孩子心中树立幼儿园美好形象的工作，其实也是在给孩子做心理辅导。

应对再度分离，辅助孩子度过幼小衔接期

01

我的孩子幼儿园毕业的时候，学校特地举办了一场毕业典礼。老师给予孩子们美好的祝福，叮嘱孩子们要好好学习，还与孩子们回忆过去的点点滴滴，期望未来还能够再相遇。这场毕业典礼，我的孩子怀抱着激动、喜悦的心情参加，最后收获的却是难过和迷茫。

我明白，她是为与老师、同学的分别而难过，是为自己即将迈入小学而感到迷茫。我原本以为，她能够很快从负面情绪中走出来，毕竟在升小学前，她有一个漫长的，可以疯狂的放飞自我的暑假。但事实却是她低落的情绪一直没有好转，甚至表现得有些焦虑。

我记得在孩子幼升小的暑假期间，我并没有放过多的注意力在她的身上，因为我和先生正忙着她的择校问题。我们经过慎重的考虑后，终于看好

了一所学校，并准备去学校实地考察一番。

当时，我问孩子要不要跟我们一起去新学校，她没有回答，而是反过来问了我一个问题："朵朵也会上这所学校吗？"朵朵是她的同学，也是她在幼儿园里交到的好朋友之一。

"她不上。"我回答孩子。因为之前我有和朵朵的妈妈交流过择校问题，知道朵朵妈妈并没有选择这所学校。

这之后，孩子接连报了好几个同学的名字，我给她的回答不是"不上"，就是"不知道"。这个结果令她失落极了。后来她还是跟着我们去参观了新学校，但是她对新学校提不起一点兴致，她那皱着的眉头也一直没有松开过。

回到家后的几天，孩子异常沉默，我发现她的不对劲后和她谈了次心。从她的言语中，我意识到她陷入了分离焦虑当中。因为当我问她是不是遇到烦恼时，她一直焦躁地问着我，"我能不能不上你们选择的学校""我能不能和朵朵上一个学校"这样的话。

孩子的这些话明确地传递给我信息：她不想与她的好朋友分离，因此产生了分离焦虑。

02

每个孩子都会经历漫长的求学生涯，而幼儿园是孩子人生中的第一个入学阶段。在幼儿园中度过3年后，孩子们从最初的散漫变得有纪律。幼儿园毕业后，孩子又将迈入人生的第二个求学阶段——小学阶段。

但是在幼小衔接期间，我们的孩子会再度出现分离焦虑。它给孩子带来的困扰比入幼儿园时产生的分离焦虑带来的困扰要多得多，首当其冲的就是会影响孩子的学习。

在幼儿园阶段，孩子想学就学，不想学就不学，以孩子开心快乐为主。但是进入小学后，学习成了最重要的事，也是孩子们必须要执行的事。但是分离焦虑作为一种负面情绪，它会使孩子无心学习。当孩子长久陷入分离焦虑中，就会越来越跟不上学习的进度；越是跟不上进度，就越会令孩子厌恶学习。

为了让孩子适应小学阶段，父母需要帮助孩子再度克服分离焦虑。在此之前我们要先知道，孩子幼小衔接期产生的分离焦虑是由何而来的。

我分析了一下，孩子幼升小的分离焦虑来自三方。首先是与父母的再度分离，不过与父母分离产生的分离焦虑并不多，因为3年的幼儿园生活已经使孩子适应了与父母的分离。真正令孩子产生分离焦虑的是与老师、同学的分离。

在幼儿园期间，除了父母外，老师和同学是陪伴孩子最久的人。当孩子与同学、老师相处久了，就会产生深厚的感情。幼升小意味着要跟同学、老师分别，深厚的感情会令孩子不舍。不舍之下，就会产生分离焦虑。

此外，小学阶段是一个陌生的阶段，孩子会面临陌生的环境，面对陌生的同学和老师，这种对未知的不确定也会加深孩子的分离焦虑。

03

分离焦虑是一种消极的情绪，当孩子长期处在这种负面情绪中，除了不利于孩子的学习，也不利于孩子的身心健康发展。所以我们需要帮助孩子应对再度分离，辅助他们度过幼小衔接期。

在我的孩子产生分离焦虑时，我是怎么做的呢？

我并没有向孩子妥协让她和她的好朋友读一所学校。因为择校是一件很严肃的事，它是多种因素下的结果，不可能因为孩子的想与不想而改变。所以我是从削弱她的分离感来帮助她克服焦虑的。

通过我和孩子的沟通，我了解到她认为升入小学后就不能再跟自己的好朋友见面、玩耍了。但事实并不是如此，即使孩子们去了不同的学校，但在假期时还是可以一起玩耍的，所以我将这个认知告诉了孩子。与此同时，我还积极地带着她去她的好朋友家做客、玩耍，告诉她可以用电话、短信联系自己的好朋友。

当孩子意识到她和自己的好朋友依旧可以在一起聊天、玩耍时，她的分离感就没那么强烈了，分离焦虑也就自然而然被削弱了。

父母在帮助孩子应对幼升小的分离焦虑时，可以从两方面入手：

第一，很多孩子会在幼升小时出现分离焦虑，是因为认为自己与老师、同学永远分开，再也不会相见。父母需要改变孩子的这种观念，告诉孩子他从未与老师、同学分离。

对此，父母可以带孩子回幼儿园见见老师，可以约孩子的同学出去玩等。当孩子意识到他能够轻而易举地见到老师、同学后，就不会在幼升小期间产生分离焦虑了。

第二，从心理学上来说，孩子会在幼升小期间出现分离焦虑，是因为他的内心是孤独的。他既担心失去朋友，又担心在升入小学后交不到朋友。所以父母需要告诉孩子，人一生中结识到的朋友并不是固定不变的，不管在哪个人生阶段，都会结识新的朋友。告诉孩子他进入小学后会结识到更多的好朋友。

孩子的人生是漫长的，他们需要经历一次次的远行，面对一次次的分离。当孩子适应了分离，懂得科学处理分离，他才能算学会了独立。

第三章
父母停止过度指挥，孩子才能自由发挥

　　孩子是父母生命的延续，却不是父母的附属品。他们是独立的个体，有自己的思想。父母过度指挥孩子，只会让孩子成为一个提线木偶，当没有了提线人，就只能待在角落里被尘埃所覆盖。试着不去过度地指挥孩子，你会发现孩子凭着自由发挥，也可以光芒万丈。

过多地要求听话，孩子的三商被彻底弱化

01

我的孩子随着年龄的增长，性格变得活泼起来。只不过有一段时间，她的活泼过了头，算是调皮了。所以那段时间她总是会做出一些挑衅我情绪的行为。

比如我带她去游乐园玩，在我去给她买吃的，让她在供游客休息的长椅上坐着等我时，她会偷偷跑去旁边坐旋转木马；我带她去商场买东西时，她会像一匹脱缰了的野马在商场里乱窜；我给她准备的出门要穿的衣服，她会哭着闹着就是不穿，并自己选了一套怪异的穿搭，诸如此类的事情还有很多。

在被她折腾得筋疲力尽后，我就希望孩子能够听话点，对她管教的颇为严厉了些。因此对她管教得颇为严厉了些。但是，当我过多地要求孩子听话

时，我发现她的"三商"在朝不好的方向发展。我举两个例子：

比如有一回，学校的老师向我反映，孩子在学校缺乏纪律性，上课的时候、午休的时候总爱和其他孩子说话。孩子回到家后我严肃地告诉她，在学校要遵守纪律、听老师的话，如果再在学校不遵守纪律，我就不去接她放学了。我的话很管用，孩子真的听话了很多。

在我看来，我的这句话是假话，但在孩子看来，我是认真的，并对此产生了心理压力。所以孩子在学校，再没和其他孩子说悄悄话了。与此同时，她在课堂上的积极性也消失不见了。

再比如，孩子在买东西上很有主意，但是每一次她买的东西都不合我心意。我为了打消她购买的念头，我会对她说"拿了我也不会付钱"这样的话。渐渐地，孩子不再在买东西上很有主意了，即使我将选择权交给她，她也不知道选什么好。

可见，过多的要求孩子听话，孩子的"三商"会被彻底弱化。

02

什么是"三商"？这里指的是智商、情商和逆商。

智商，它是指一个人的智力。通俗点说，是指人认识客观事物，处理问题的能力；情商，它是指人的情绪智商。有研究者认为，情商由多个特征组成，分别是：自我意识、控制情绪、自我激励、认知他人情绪以及处理互相关系。

相较于智商和情商，逆商不是那么被大众所知，但是逆商的重要性绝不低于智商和情商。逆商，它也被称为"挫折商"，是指人在面对逆境时的反应方式。简而言之，就是人在面对挫折和困难的时候，应对和摆脱的能力。

有一个著名的公式：成功=智商+情商+逆商。心理学家经过大量的研究发现，几乎每一个成功的人都具备着高智商、高情商和高逆商。换言之，就是我们想要获得成功，"三商"缺一不可。

那么，影响"三商"的关键因素是什么呢？可以总结为两大因素：先天因素和后天因素。

其中，智商和情商受到了先天遗传和后天因素的影响，逆商的高低是受后天因素的影响。先天因素我们很难去改变，但是后天因素我们却可以自己去掌控。而后天因素主要是指一个人生活的环境。

有研究表明，良好的生活环境能够提升孩子的"三商"，而糟糕的生活环境能弱化孩子的"三商"。父母与孩子的相处方式、对孩子的教育等都是孩子生活环境中的一部分。父母过度地指挥孩子，过多地要求孩子听话，无疑是糟糕的，它们会使我们的孩子"三商"被弱化。

03

每个人都喜欢听话的孩子，因为听话的孩子令人省心。所以在生活中有很多父母总是过多地要求孩子听话，有一段时间我也是如此。

但是随着孩子表现得越来越听话时，你会发现孩子身上存在的问题也变得更多了，比如他们会失去童真和活力、会变得没有自信、没有安全感等，这些都在使孩子的"三商"逐步退化，而这样的孩子并不是我们所期望的。

因此，父母一定要停止对孩子过度指挥，不要一味地要求孩子听话。那么，具体该怎么做呢?

要求孩子听话的父母，性格肯定会很强势。那么在与孩子相处时要懂得收敛自己的强势。

我们在职场上，可能是领导者；在朋友圈中，是一呼百应者。但是在与孩子相处时，我们仅仅是孩子的父亲和母亲，不应该将孩子视为下属，更不应该将职场和生活中的强势作风实施在孩子的身上。学会收敛自己的强势，不要一味地要求孩子听话。

孩子就像是一只鸟儿，他有一对翅膀，注定要翱翔在蓝天之下。父母过多的要求孩子听话，无异是在折断孩子的翅膀。所以真正的爱孩子，就要给他们自由飞翔的机会。

爸爸自鸣得意的威压感，请适当收敛收敛

01

小的时候，我害怕父亲的教导要胜于母亲，因为每每父亲教导我时心里总有一股威压感，使得我在面对他时倍感压迫。

不可否认，他的压迫感让我变得很听他的话。但我清楚地知道，我的听话很多时候是因为在面对他时脑海里一片茫然的结果。

比如在学习的时候，父亲总会坐在我的身旁，看着我学习。如果我与难题僵持不下时，他会来教导我。他的教导方式很霸道、直接，他不会想要听一听我的思路，只让我按照他的思路去理解。但是他严肃的表情，饱含威严的声音，都令我的脑海一片空白。最终的结果是他说什么，我就点头称是，但事实上不会的难题，我依然不会。

当父亲将威压感带入我的生活中时，给我带来的影响更大，而这种影响

是负面的，时至今日依然在影响着我。

小时候，有一段时间我特别臭美。每次出门的时候我都会自己挑要穿的衣服，会让母亲给我梳好看的头发。我的这些举动，在我父亲看来是不好的，他更希望我将时间放在学习上。所以当我在穿着上花费太多时间时，父亲不是严肃地训斥我"穿哪件不是穿"，就是随意地指着两件衣服让我穿，并告诉我如果不穿就不要出门。在我让母亲为我梳复杂的发型时，父亲会皱着眉头提议让我将长发剪成学生头。

父亲对我说话时极有威压感，使我不敢不听他的话。渐渐地，我不再在意自己的穿着打扮，而是将时间花在了学习上。

最终，我的学习成绩提升了，但是我的审美观不知不觉下降了。审美观的缺乏对我的生活影响很大，比如我陪朋友逛街买东西，当朋友问我的意见时，我会比朋友还纠结选择哪个，这使得朋友不愿意喊我逛街；又比如我的穿搭，永远都是普普通通的，没有亮点可言。对比同龄人的穿着，我的穿着总稍显平淡。

02

在生活中，妈妈在孩子身上投注的时间要远远多于爸爸。当孩子与爸爸相处的不多，且爸爸又用严肃的语气对孩子说话或用严厉的表情与孩子相处时，孩子会感受到爸爸的身上有一股威压感。

这股威压感犹如一座大山，会压得孩子喘不过气来，也会激起孩子内心的恐惧。在威压感的笼罩下，孩子会变得异常乖巧、听话。

很多爸爸会为自己的威压感能够震慑住孩子而自鸣得意，殊不知，这股威压感给孩子带来的弊端要远远多过利端。

威压感是无形的，但却能令人感受得到。对孩子来说，爸爸身上散发出来的威压感，就像是笼罩在他头顶上的乌云，而乌云之中又时常电闪雷鸣，孩子会控制不住的胆怯起来。面对威压感十足的爸爸，孩子会害怕自己说错话、做错事。在面对新事物的时候也不敢去尝试，因为他们害怕自己做错会受到爸爸的责罚。当孩子长期被爸爸的威压感笼罩时，性格就会变得胆小、怯弱。

威压感会使孩子产生恐惧心理，所以孩子在爸爸的面前，会变得异常乖巧、听话，事事听从爸爸的安排。长久以往，孩子会变得没有主见，而这与培养孩子的独立能力是相违背的。

随着孩子的成长，孩子会进入叛逆期。叛逆期的孩子依然惧怕爸爸的威压感，但是内心又忍不住地想要反抗爸爸的威压。所以逆反心理会使孩子做出很多父母不愿意看到的事情。如果孩子的逆反心理严重，他们极有可能会走上歧途。

此外，爸爸的威压感还会影响亲子关系。其实不只是孩子，成年人也向来是谁温柔、随和，就和谁走的近。威压就像是一把利剑，剑头指着孩子，令孩子不敢靠近。

03

作为父母，我们确实需要教导孩子，但是要把握教导的尺度。一旦给予孩子的威压感过重，就会起到反作用。

在了解到威压感给孩子带来的诸多弊端后，爸爸不要再为自己的威压感自鸣得意了，应该要有所收敛。那么，该如何收敛呢？

第一，爸爸会在孩子面前摆出威严感，是因为爸爸打心底没有将孩子摆在与自己平等的位置上。如果与孩子相处时，将孩子放在与自己平等的位置上，就不会散发出威压感了。

我们不妨想一下：在和朋友或同事相处时，我们是不会摆出威严感的，因为我们将朋友和同事放在了与自己平等的位置上。孩子并不是父母的附属品，从他诞生到这个世界上起，他就是一个独立的个体，所以每一位爸爸都要学会将孩子放在与自己平等的位置上来看待。

第二，一般来说，威压感十足的爸爸在孩子面前会是强势的，会让孩子按照自己的想法去做。但是孩子是独立存在的，他们有自己的想法，他们人生中的空白，应该由他们自己描绘。所以爸爸要懂得尊重孩子，学会对孩子放手。只有对孩子停止过度的指挥，孩子才能自由发挥。在自由之中，他们也将逐渐掌握独立的本领。

第三，每当爸爸在孩子面前展露出威压感时，会发现爸爸的情绪是消极而沉重的。而情绪是会感染人的，孩子的情绪也将变得消极。所以爸爸想要收敛自己给孩子的威压感，就要学会收敛自己的情绪。

人的情绪可以自省，爸爸在与孩子相处时可以自省自己的情绪，如果察觉到自己的心情是消极的、沉重的，那么就要及时地调整。这个过程，其实就是收敛威压感的过程。

第四，爸爸总是在孩子面前摆出威压感，是因为对孩子有着很高的要求。期望自己的严肃，能够让孩子认真做事。

实际上，爸爸的威压感确实起到了令孩子将事情做好的作用，但与此同时，也给孩子带来了心理上的伤害，结果得不偿失。当爸爸们试着放低对孩子的要求，会发现给孩子的威压感也在无形中得到了收敛。

当然，不止爸爸会给孩子威压感，有时候妈妈也会向孩子展露出威压感。所以凡是能够给孩子带来威压感的父母，都需要收敛收敛。

妈妈少开口，你越唠叨孩子越做不好

01

有一年春节，我和先生要带孩子去老家过年。在出发前的一周，我让孩子自己收拾外出的行李。这一年，我的孩子10岁了。

当时，孩子给我的回答是"好的，知道了"。然而，时间过去好几天，她依然没有行动。性子比较急的我忍不住提醒她："你不要等到快出发了再收拾，急急忙忙容易丢三落四。"

在我反复提醒好几次后，孩子不耐烦地回到自己的房间拿出自己的行李箱，开始收拾起来。因为我们这次会在老家待很多天，我担心孩子会忘记收拾一些东西，就尾随孩子去了她的房间。当她走到衣柜前，准备拿要带走的衣服时，我忍不住提醒道："老家的气温要比这冷一点，你需要多带几件厚外套。"

孩子没有回应我，但还是听话地拿了几件厚外套放进了行李箱中。在她拉开抽屉，准备拿毛衣时，我又忍不住提醒她："毛衣不能随便拿，要和你带走的外套搭配。我以往是怎么给你搭配的，你就带走哪些毛衣。"

这个时候，孩子皱起了眉头，她默不作声地拿着毛衣。在她收拾裤子的时候，我又忍不住想给她一些建议。但这一次，孩子没有给我说话的机会。

"我又不是没有回去过，"她很不耐烦地对我说，"你要说的话我都知道，裤子、鞋子也要跟外套搭配好，对不对？到底是我收拾，还是你收拾呀？"她一边将我推出房间，一边对我说："你别唠叨了好吗？我会收拾好的！"

尽管孩子已经认为我唠叨了，但我还是不停地询问孩子带了什么，需要带什么。因为在我看来，这事关之后的生活。每次孩子都敷衍地回答我说"知道了""带过了"。但是回到老家后，才发现她有不少东西都没有带。这其中，有很多是我叮嘱她要带的。当时，我问孩子为什么不将我叮嘱的东西带上。

孩子给我的回答是："你太唠叨了，你说的话我根本就不想认真听。"其实就是说，我的唠叨让她产生了抗拒收拾东西的心理。

02

什么是唠叨？其实就是啰唆，围绕一个事情不停地说。通常在一个家庭中，唠叨的人会是妈妈。这是因为妈妈与孩子相处的时间要远远比爸爸多，正因为相处的多了，才会有很多的话要说。

唠叨真的有让孩子做不好事情的魔力吗？我想是有的。

在此之前，我的孩子参加过多次夏令营、冬令营活动，每次都需要外出好几天。在没有我帮助的情况下，她依然能够将外出的行李收拾好。孩子在收拾东西之前往往会列一个清单，按照清单上的东西去收拾。但这次，我的唠叨却使孩子失去了列清单的兴致，更抗拒做我唠叨的事情。

我想，有很多父母应该有与我相同的经历。我们对孩子唠叨，是希望孩子将事情做好。可实际上，我们越是唠叨，他们越做不好。

妈妈的唠叨为什么会令孩子做不好呢？

在《大话西游》这部电影中，唐僧每次与孙悟空说话时都会唠唠叨叨，没完没了，让孙悟空觉得他就像是一只不停"嗡嗡"的苍蝇，一直围着他转。哪怕孙悟空表现出了他已经在极力忍耐的表情，但唐僧依然不懂得收敛，最终使得孙悟空暴走，变得十分抗拒与唐僧说话、接触。

电影虽然很无厘头，但是也真实地反映出了唠叨有能够激起人负面情绪的能力。所以妈妈对孩子唠叨的越多，孩子的负面情绪就越多。在负面情绪的影响下，孩子会十分抗拒做父母唠叨的事，长久以往会影响孩子良好性格的养成。

妈妈的唠叨从一定程度上还会打击孩子的自信心。作为一名母亲，唠叨孩子是为了孩子好，但在孩子看来，妈妈的唠叨意味着对他的不信任。当妈妈唠叨的多了，孩子会质疑自己是不是真的很差劲，不知不觉中，自信心在渐渐溃散。当孩子缺乏了自信心，那么干什么事都没有积极性，也就什么事都做不好。

此外，妈妈的唠叨也会影响亲子关系。因为唠叨声无异于噪音，孩子听久了就会烦躁，打心底抗拒与妈妈相处。

03

唠叨，更深层次的解读是指手画脚。我们成年人在做一件事情时，如果有人过来指手画脚，内心也会十分抗拒，会对指手画脚的人感到厌烦。同样地，父母对孩子指手画脚，也会令孩子有这样的感受。

父母陪伴孩子的时间是有限的，当孩子羽翼丰满时，他就会想要独自翱翔。那个时候，他需要独立地去做每一件事。但是妈妈的唠叨，对孩子来说就像是他们走向独立路上的绊脚石。因为妈妈越是唠叨，孩子就越做不好。这也意味着，孩子将很难学会独立。

因此妈妈要戒掉唠叨的习惯，不要在孩子面前当一个复读机。那么，妈妈们具体该怎么做呢？

第一，唠叨能够使人不耐烦，而不耐烦作为一种情绪是能够从人的表情、言行上表达出来的。所以妈妈在与孩子相处时，需要把握孩子的心理状态，观察孩子的情绪。

当孩子突然变得沉默、面无表情且眉头高高皱起、你说了多次他依然不去执行时，就说明孩子心里已经不耐烦了。这个时候就该让自己的嘴巴及时刹车，不要再多说。

第二，通常来说，同一件事说一遍是新鲜，说两遍、三遍是强调，说三遍以上就成了唠叨和啰唆。因此妈妈在对孩子说话时，在同一件事件上要控制自己说的次数，不要超过三遍。

那么，说了三遍之后就不可以再说了吗？当然不是。我们可以隔一段时间再对孩子说，只要把握好说的次数与频率即可。

第三，在引导孩子独立上，少不了要去说教。但说得多了，就成了唠叨，会起到反作用，对此妈妈可以用自己的行动来代替说教。

我举一个例子，我们让孩子整理自己的玩具时，可以和孩子比赛，因为竞争机制和妈妈的率先行动会令孩子积极地投入其中。所以说多不如做多，妈妈少开口、多行动，孩子才会越做越好。

多给孩子一些信任，孩子才会更加独立和自信

01

肖暖是我的发小，我们有好些年没有见。有一次，她带着先生和孩子来我所在的城市旅游，我请他们去了一家很有名的菜馆吃饭。为了招待好他们，我点了很多菜。当服务员把菜端到餐桌上，让我们好好享用时我才发现，我忘记点孩子喝的饮品了。

当时我站了起来，对肖暖说："我去前台点杯鲜榨果汁给孩子们喝。"

肖暖拉住了我："咱俩好久没见，要抓紧时间聊一聊才对，点果汁的事情交给孩子们自己去做吧！他们喜欢喝什么，可以直接跟前台说。"

当时我的孩子只有5岁，而肖暖的孩子也才6岁，再加上饭店里人群杂乱，我不禁担忧地说："这俩孩子能行吗？"

肖暖不以为然地说："有什么不行？我们来的时候带着他们路过了前

台。"说完，她又问自己的孩子知不知道前台位置在哪儿，可不可以做到？

肖暖的孩子先是点头说"知道"，后又说"我可以做到"。肖暖满脸信任地对孩子说："妈妈相信你。"她的孩子一听，立马表现出自信满满的样子。

这个时候，我的孩子也对我说："我也可以，我要跟哥哥一起去。"

不等我的同意，两个孩子推开了包厢的门，离开了我的视线。

肖暖是一个很体贴的人，她见我眉头紧皱，就笑着对我说："放心，孩子们不会有事的。"她见安慰对我没起多大作用，就起身拉着我走出了包厢。我俩尾随在孩子们的身后，肖暖对我说："你应该试着相信孩子，他们远比我们想象的要独立。"

两个孩子手牵着手走了一圈，并没有找到前台，反而还迷了路。只听肖暖的孩子对我的孩子说："别担心，我们可以问问服务员阿姨前台在哪儿。"

两个孩子继续往前走，我的孩子看到穿着饭店工作服的工作人员后，她甜甜地喊了一声"阿姨"，然后问对方前台在哪儿。工作人员问她去前台干吗，我的孩子条理清晰地回答了她，最后还加了句"我妈妈让我们去的"。

接着，工作人员带着两个孩子去了前台。在点果汁之前，前台问孩子们是哪个包厢的。两个孩子一脸迷茫，不过他们很快就想到了方法。肖暖的孩子说："可以打我妈妈的电话问一问。"接着他流利地说了一串电话号码，而我的孩子则对前台说了我的名字。最终，两个孩子顺利地完成了点果汁的任务。

02

孩子的独立能力是在实践的过程中慢慢提升的，所以我们需要给予孩子独立的机会。但是很多父母虽然给了孩子独立的机会，却忘了给予他们信任。原本孩子能够做好的事，在父母的不信任下就会做得一塌糊涂，并且会抗拒再做同样的事。

比如在我小的时候，我第一次尝试洗碗时表现得很积极，并向我的母亲信誓旦旦地保证自己能够做好，但是我的母亲却对我表现出了极大的不信任，从她的言行之中就能感受出来。

言语上，我的母亲跟我说我肯定洗不干净，会将碗打碎。在我执行的时候，她会不停地指导我，告诉我她是怎么做的；在行为上，她见我洗的慢，碗从我的手中滑进水池好几次后，便直接从我的手中拿过碗，自己洗了起来。最终，她的种种举动不仅没有令我学会洗好碗，还使得我抗拒再洗碗。

时至今日，我依然对洗碗这件事十分抗拒。

在独立这件事上，父母的不信任很多时候是出于对孩子的担忧、关心，但在孩子看来，这是对他们的一种不信任。当父母对孩子的不信任多了，无形之中就会给孩子带来很多伤害。

因为父母的不信任，其实是对孩子的一种否定。当孩子听到的否定多了，就会真的质疑自己是不是真的不行。孩子的自信就是在自我质疑中耗尽的。自信的缺失，会使孩子的性格发生改变，变得自卑、胆小懦弱、自闭等。

孩子在初次尝试做某件事时，内心仿佛有一团火苗，表现得非常积极。而父母的不信任就像是一盆冷水泼在了孩子心头的火苗上，让孩子丧失了做事的积极性，不敢再尝试。

03

信任对一个人来说，是执行的动力，能够使人全力以赴。就好比职场上的我们，当面临一个艰巨的工作任务时，如果领导能够给予我们足够的信心，我们就会干劲十足，并坚信自己一定能够做好。

同样的，孩子在独立这条路上也需要父母的信任。我们多给孩子一些信任，孩子才会自信，变得更为独立。

如何给予孩子信任呢？

第一，人的想法可以通过语言快速地传达出去，想要让孩子知道自己被父母信任，就需要对孩子说出来。对孩子说"我相信你"，可以让孩子直观地感受到父母的信任。所以在孩子独立尝试做某件事时，父母不要吝啬于对孩子说"我相信你"。

第二，信任一个人，会将重要的事情交由他去做，并相信他能够做好。同样的，父母也可以将一些重要的事情交由孩子去做，让他觉得自己被信任。对此，孩子在独立执行某件事时，父母可以强调事情的重要性，再向孩子表明自己相信他能够做好。

第三，孩子走向独立的道路是崎岖的，他们需要父母的信任作为他们前行的动力。所以不管是在孩子单独做某件事之前，还是在做的过程中或事情结束后，都需要给予孩子肯定，鼓励孩子再接再厉。

因为在孩子看来，父母的肯定就是对他的一种认同，是对他的信任。这会令他们在独立的路上越走越远。

孩子的事和孩子商量一下，或许孩子的想法更靠谱呢

01

Q仔是一个帅气的小男孩，他是我朋友的孩子。Q仔的性格从小就有些内向，因为他和其他小朋友相处时，习惯躲在妈妈的身后。哪怕有小朋友主动找他玩耍，他也表现得非常抗拒。

随着Q仔越长越大，他的内向也越发严重了，有时候连家都不愿意出。为了使Q仔的性格变得开朗点，我的朋友特意为孩子创造了利于交流的环境，企图用环境来潜移默化地改变Q仔的性格。

想法很美好，但现实却很残酷。朋友给Q仔报了一个小主持人特长班，她觉得小主持人特长班是一个不错的能够让孩子与他人交流的平台，既能够提升孩子的语言能力，也能够增强孩子的自信心。但实际上，孩子体验了一堂课后，就不愿意再去了。不论朋友怎样劝说，Q仔就是不为所动。

这件事被我的朋友当作烦恼倾诉给我，我当时反问她："既然是孩子的事情，为什么不和孩子商量呢？孩子或许有自己的想法。"

我告诉我的朋友，并不是只有小主持人特长班能够为孩子提供交流的平台，其他的特长班也能够为孩子提供交流的平台，因为任何一个大环境都不会缺乏交流的机会。但我们让孩子融入大环境并主动去交流却是有前提的，那就是孩子必须要先喜欢上这个环境，所以选择何种环境的权利应该交到孩子的手上。

朋友回到家后，她问Q仔想要学习什么特长？Q仔虽然年纪小，但是却很有主意，他想去学平衡车。

后来，朋友送孩子去学平衡车了。在学习平衡车的一年里，Q仔的性格不仅外向了很多，他也学会了坚强与独立。因为在学习平衡车的过程中会经历很多次的摔倒，遇到很多的困难，而他每一次都勇敢地爬起来。勇敢地去面对困难，都代表着他坚强了一分，独立了一分。

02

真正的独立，除了在生活上独立外，思想上也需要独立。但是很多时候我们只顾着训练孩子生活上的独立能力，忘记了锻炼孩子思想上的独立，最典型的表现是在孩子的事情上不与孩子商量，直接帮孩子做主。

我接触过很多父母，他们在孩子的事情上不与孩子商量的原因无外乎是"为了孩子好"。因为在父母看来，孩子是缺乏人生经验的，而自己吃过的盐比孩子走过的路还要多，父母凭借着丰富的人生阅历和人生经验帮助孩子做下的选择能够让孩子少走很多的弯路，这就是为了孩子好。但事实上，父母所谓的为孩子好，真的有为孩子好吗？显然并没有。

父母长时间直接帮孩子做决定，会令孩子变得没有主见。我们需要知道，人的大脑就像是一台机械，转动的越多，思维就越活跃；转动得越少，大脑"生锈"之下，思维也就越迟钝。我们事事帮孩子做决定，其实就是在剥夺孩子转动大脑的机会，而迟钝的思维会令孩子变得没有主见，难以做出选择。一个没有想法、优柔寡断的人，在未来是很难被委以重任的，这也直接影响到孩子未来的人生。

父母在有关孩子的事情上不和孩子商量，也会让孩子性格、心理朝不好的方向发展。因为在孩子看来，父母在他的事情上不与他商量是对他的一种看轻与忽视，当孩子将这个想法根深蒂固后，心理上会变得敏感脆弱，性格上也将变得孤僻内向。

此外，父母在孩子的事情上直接略过孩子做决定，何尝不是一种强势的表现。父母表现得越强势，孩子就越发胆小懦弱，最终变成人微言轻的存在。

03

每个人都会有自己的想法，当有人枉顾我们的想法，擅自帮我们做决定时，如果决定与我们的想法一拍即合，那倒还好；一旦做出的决定与我们的想法南辕北辙，我们必然会感到恼怒，心生抗拒。

孩子虽然年龄小，但也有自己的想法。当父母做的决定与孩子的想法过于悬殊时，他们也会难过。所以在有关孩子的事情上，不要擅自帮孩子做决定，可以和孩子商量一番，听一听他们的想法，没准他们的想法也很棒。

在和孩子商量的过程中，父母需要注意以下几点：

第一，既然是商量，那么参与的人都有说话的权利，所以父母不要只顾着自己说，也要给孩子说话的机会。在孩子说的过程中，我们要让孩子感受到他们被父母尊重，父母要认真倾听孩子的话、不要打断孩子说话，积极给予孩子回应。当孩子在商量中获得愉快的体验后，那么他会更加认真地对待商量的话题，考虑问题时也会更加全面。

第二，父母与孩子所处的角度不同，那么看待问题的方式就不同，所以在商量的过程中难免会出现分歧。那么到底听谁的呢？这个时候，父母不应该强势地要求孩子必须听自己的，而是应该讲道理去说服对方。同样的，我们也可以鼓励孩子讲道理来说服我们。当商量的结果达成一致后，才利于后面的执行。

父母需要明白，我们的孩子并不是机器人，可以任由我们操控、听我们指挥，他们是一个独立存在、有血有肉的个体。所以在有关孩子的事情上，一定要和他们商量后再做决定。

第四章
忍住，别包揽！让孩子自己去摸索生存经验

....

　　同一条路，走的次数多了，就知道哪里有坡、哪里有坑，才不会在同一个地方跌倒。而生存之道，也是在不停地失败中摸索出来的。因此父母要想让孩子获得生存经验，就要做到对孩子不包揽。

....

父母包办，对孩子来说是一种灾难

01

李笑是我的同事，她有个10岁大的儿子。不久前，李笑夫妻俩将孩子送去了一所比较不错的寄宿式学校读书。她原本以为将孩子送去寄宿式学校读书后，他们夫妻俩能轻松点，哪知道比以前还累，因为学校经常给她打电话，让她去学校处理孩子的事宜。

就比如刚入学没几天，李笑就接到孩子老师打来的电话，说孩子和室友发生了矛盾，并上升到动手的地步，让她立马去学校一趟。李笑匆忙赶去学校，了解了事情经过后，才知道错误的主因在她的孩子身上。

李笑的孩子住的是六人宿舍，每天晚上放学之前其他孩子都会打好水，只有李笑的孩子不去打水。等到晚上要用水的时候，就会向其他同学借。这样的行为一次两次可以容忍，但是次数多了，就引起了其他同学的不满。当然这仅仅是矛盾的导火线，真正的爆发点是一双袜子引起的。

李笑的孩子所读的学校每一周可以回家一次。李笑曾叮嘱孩子，外套之类的重衣服带回家洗，但内衣、袜子之类的轻小衣服，自己在学校洗一洗。李笑的孩子嘴上说好，但并没有付诸行动，他把所有干净的袜子穿了一遍后，便向室友借袜子穿。那天他跟睡在他下铺的室友打了声招呼，说借双袜子穿，不等室友的回答，就径自拿别人的袜子穿了起来。正是这个举动惹恼了室友，两人一番争执后就动手打了起来。

这件事情解决没多久，李笑又接到了学校的退学警告，说是孩子的内务不过关。比如，其他孩子早上起床，都会将床铺摆放整齐，但李笑孩子的床铺永远都是皱成一团；其他孩子物品柜内都十分规整，只有李笑孩子的物品柜乱七八糟；轮到李笑的孩子打扫寝室卫生时，总是打扫不干净。

当然，这还不是令李笑最头疼的。最让她烦恼的是孩子在学校生活一段时间后，整个人都瘦了一大圈。细问之后才知道，孩子很少按时按点地吃饭，饿了的时候就吃零食。

每当李笑同我们说这些糟心事时，都会忍不住感叹一句："都怪我们平时把他照顾的太好了，让他没有了独立能力。"

孩子的一生很漫长，父母没有办法包办孩子的一生。而没有父母包办的日子，对孩子来说每一天都是煎熬。所以父母对孩子的包办，其实是一种灾难。

02

我曾经陪孩子阅读时，看过这样一个简单而有深意的故事：

小青蛙和青蛙妈妈生活在河边，有一天小青蛙看到青蛙妈妈"扑通"一声跳进了河里，就跟青蛙妈妈说它也想学跳水。但是青蛙妈妈以"它们住的地方距离水面太高，跳进水里会受伤"这个理由拒绝了小青蛙。

后来，小青蛙跟妈妈搬到了一个距离水面很近的新家。当小青蛙再次提出要学习跳水时，青蛙妈妈依然拒绝了，理由是它们对周围的环境还不熟悉。过了一段时间后，它们对新家周围的环境已经足够熟悉，小青蛙第三次提出了要学跳水。这一次青蛙妈妈用"水里有很多石头，跳下去会受伤"这一理由再一次拒绝了小青蛙。

此后，小青蛙提出了很多次要学跳水，但都被青蛙妈妈以各种理由拒绝了。最后青蛙妈妈老了，跳不动水了，而小青蛙却仍旧没能学会跳水。

这个故事的结局没有讲明没有学会跳水的小青蛙此后会面临什么。但作为成年人的我们，必然知道小青蛙面临的将会是被大自然淘汰的结局。

在现实中有很多父母和青蛙妈妈一样，喜欢对孩子大包大揽，哪怕孩子主动要求独立，也会用各种理由阻止。这种包办的行为，对孩子来说是一种灾难。

父母为什么会对孩子包办呢？父母的包办又会给孩子带来哪些危害呢？

当父母对孩子过于溺爱时，会担心孩子在独立的过程中受伤，然后替孩子去作主。如果父母缺乏耐心，在看到孩子做不好时也会主动去替他完成，剥夺孩子独立做事的机会。

对父母来说，替孩子去做仅仅是一件小事，但对孩子来说却是件能够影响他们一生的大事。因为父母的包办会令孩子变得没有主见，让孩子丧失基本的生存技能，等他们渐渐长大后，就会成为"巨婴"。

很多时候，孩子会成为"巨婴"，并不是他们自己的原因，而是父母造成的。

03

孩子年龄小或是孩子的动手能力弱，并不是父母替孩子包办的理由。父母需要明白，独立是一种技能，而任何一种技能的掌握都必须要实践。我们想要让孩子学会独立，就必须要给孩子独立的机会，让他们亲自去实践。

孩子的人生道路是漫长而崎岖的，但是当孩子学会了独立，掌握了生存的技能，那么他就能无所畏惧、勇往直前。

那么父母该怎么做呢？

第一，许多父母对孩子大包大揽是一种潜意识的行为，是不自知的。等到将事情做完，才后知后觉地发现自己已经剥夺了孩子独立的机会，所以父母需要给自己建立"孩子的事情应该由孩子自己做"的意识。

对此我们在做事之前，可以先思考一下，自己即将要做的事情是不是在替孩子包办。当然也可以明确划分，哪些事是孩子能做的。

第二，有时候父母替孩子包办，是因为孩子没有自己主动去做的意识。倘若孩子能够积极主动地去做，就能很大程度上减少父母包办的行为，所以我们需要帮助孩子建立"自己的事情自己做"的意识。

在生活之中，我们可以明确地划分出哪些事情是孩子要做的，并将这个划分告诉孩子。如果孩子在做的过程中总是做不好，我们也不能揽过来，要鼓励孩子继续去做。当孩子意识到自己做不好父母也不会帮他做后，他才会不指望别人，自己的事情自己做。

父母要做到对孩子的事情不包办，必须靠父母和孩子的双重努力。父母忍住不大包大揽，让孩子主动去执行，他们才会成长为一个独立的人。

说实话，你想不想养出一个"妈宝男"

01

李艾是我相交多年的好友，她有两个孩子，老大是个女孩，老二是个男孩。按理说，女孩应该更黏妈妈一些才对，但李艾家不同，她的儿子更黏她，为了获得李艾更多的关注，他甚至比姐姐还会撒娇。

每一次李艾带着两个孩子来我家做客，小女孩都会快速地跟我的孩子玩成一团。反倒是小男孩，总是牵着妈妈的衣服，躲在妈妈的身后。

有一回，我问小男孩："为什么不和姐姐们一起玩？"他回答我说："我妈妈说到别人家做客要安安静静的。"当我将糖果、玩具拿给他时，他又对我说："我妈妈说了，不能乱拿别人家的东西。"

后来在李艾的要求下，小男孩才不情不愿地去和姐姐们一起坑。但我发现，他每隔一会儿就会看妈妈一眼。在和两个姐姐玩的过程中，他也会将

"我妈妈说"这几个字挂在嘴边，比如当他和姐姐们搭积木时他会说"我妈妈告诉我这么搭才牢固"；当和姐姐看上同一个玩具时他会说"我妈妈说，大孩子要让小孩子"。

还有一回，我和李艾带着孩子们去户外溜冰。我的孩子和李艾的女儿快速穿好装备，不用我们扶，便自行滑了起来。两个小女孩一会儿跌倒一次，但她们都没有哭，反倒是被自己跌倒时的滑稽模样逗得哈哈大笑。

到了小男孩这里，画风却大不相同。他一边穿着装备，一边对李艾说："妈妈，你不是说我不能做危险的事情吗？我觉得滑冰很危险，我能不能不溜冰呀？"在被李艾拒绝后，他退了一步，要求李艾在他滑的时候扶着他。小男孩跌倒后，眼睛里会蓄满泪水，要李艾扶他起来。

我总结了一下李艾家小男孩身上的特点：他喜欢将"我妈妈说"几个字当作口头禅；他对妈妈非常依赖；他会对妈妈撒娇。这些特点单个看不能看出问题，但当综合在一起时我意识到，他隐隐有成为"妈宝男"的苗头。

02

相较于爸爸，孩子对妈妈的依赖性会更高，而这种依赖是一种自然天性。随着孩子的成长，这种依赖性会逐渐减少，但前提是妈妈要有意识地去训练孩子的独立能力。倘若妈妈不给孩子独立的机会，并对孩子大包大揽，那么孩子对妈妈的依赖感就会上升成依恋感。尤其是男孩，会成为一名"妈宝男"。

什么是"妈宝男"？这是一个网络流行词，泛指那些被妈妈宠坏了的孩子。"妈宝男"的生活重心是妈妈，他们会对妈妈的话言听计从，并认为妈妈说的话就是真理。同时也会在日常生活中极度地依赖妈妈，会让妈妈帮自己包办一切。

"妈宝男"是从小养成的。孩子的身上拥有一些"妈宝"特征，父母如果放任不管，孩子就会成长为一名"妈宝男"。

通常来说，"妈宝男"在孩童时期拥有以下特征：很爱跟妈妈黏在一起，拒绝和爸爸接触；很爱在妈妈面前撒娇；爱哭，比女孩还要娇气；和别人交谈时总是将"我妈妈"三个字挂在嘴边；在遇到困难时喜欢找妈妈帮忙；非常听妈妈的话等。当孩子的身上拥有这样一些特征，那么父母需要提高警惕，防止孩子成为一名"妈宝男"。

曾经有社会学家做过问卷调查：什么样的男人最惹人讨厌？其中"妈宝男"从众多选项中脱颖而出，成为最讨厌的男性类型之首。

那么，"妈宝男"为什么令人讨厌呢？这是因为"妈宝男"的身上有着诸多的缺点：

先前说过，"妈宝男"的重心是妈妈，只愿意和妈妈在一起，拒绝和别人相处。与同龄人缺乏沟通，使得他们很难融入群体，变得不合群。

"妈宝男"遇到选择时会第一时间询问妈妈的意见，而不是自己去思考怎么选择。当一个人将自己的大脑长时间放空，就会渐渐丧失主见，成为一个没有灵魂的木偶。

"妈宝男"遇事时会寻求妈妈的帮助，缺乏挫折和困难的磨炼令其成为温室内的花朵，经不起丁点风雨。在现实之中，"妈宝男"遇到难题时也会表现的六神无主，仿佛天塌了一般，选择轻言放弃。

"妈宝男"缺乏责任感。"妈宝男"是父母一手塑造出来的，比如当孩子做一件事情，还没做或做到一半就放弃时，父母不但不鼓励孩子坚持，反倒主动为孩子的放弃找借口。这会使得孩子变得没有责任感。

最为重要的一点，每一个"妈宝男"都缺乏独立性。因为生活中"妈宝男"极度依赖妈妈，而妈妈也将孩子的生活照顾的无微不至，这就使得孩子缺乏独立生活的能力。

03

每一个"妈宝男"都是在蜜罐中长大的，尤其是妈妈，给了孩子无尽的爱。然而溺爱孩子，无异于是在捧杀孩子。

父母不想让孩子成为"妈宝男"，就需要在孩子小的时候将其训练成一名小小男子汉。对此，我有这样几个建议：

第一，我们可以爱孩子，但是要有原则和底线。父母对孩子的爱，有助于孩子的身心健康发展。但是我们需要明白，任何事物都是有尺度可言的，一旦越过了尺度，事情就会朝不好的方向发展。因此父母在爱孩子时，要把握好尺度，守住原则和底线。

我举一个例子，我的孩子特别爱吃糖，为了防止她摄入过多的糖分，我会限制她吃糖的数量和时间段，并和她约法三章。当孩子向我撒娇想要再吃一颗时，我一边严守自己的原则和底线，一边搬出与孩子的约定。孩子见我不妥协，自然而然就放弃了。

第二，妈妈要学会放手，给孩子独立的机会。"妈宝男"最典型的表现是对妈妈的依赖性强，倘若妈妈能够主动斩断孩子对自己的依赖性，就能从源头上杜绝孩子成为一名"妈宝男"。

如何斩断孩子对自己的依赖呢？妈妈要学会对孩子放手，给孩子独立的机会。具体一点，就是在生活中不再对孩子大包大揽，让孩子自己的事情自己做；当孩子退缩或想要放弃时，不是揽过来帮孩子做，而是鼓励孩子自己去做。

独立是一种习惯，当孩子独立的多了，就会主动去独立。当孩子建立起独立的意识，就不会成为"妈宝男"了。

第三，在亲子关系中，要加强"爸爸"的角色感。孩子与谁接触的多，就会依赖谁。当孩子与妈妈接触的多，与爸爸接触的少时，就有成为"妈宝男"的风险。然而亲子关系需要讲平衡之道，在一个家庭中爸爸这个角色是不可缺失的，因为爸爸会带孩子运动、带孩子去冒险，这个过程能够让孩子快速地独立起来。

作为妈妈，我们应该要关注孩子与自己的亲密度。一旦过了度，就要适当淡化自己的存在感，增强爸爸的存在感。比如我们可以多在孩子面前说一说爸爸，多给一些爸爸与孩子相处的空间等。随着孩子与爸爸接触得增多，就能逐渐变成一名小小男子汉了。

我们的孩子是否会成为"妈宝男"，这个决定权是在妈妈手上。如果你不想孩子日后成为人人厌恶的"妈宝男"，就要做到不对孩子大包大揽。

学会放手，赋予孩子独立生活的能力

01

在我的记忆里，我的父母都很忙，他们时常会一起出差。小的时候，他们会把我交给爷爷奶奶照顾。等到大一点后，我就自己在家照顾自己。

我依然清晰地记得，第一次做米饭时把水放多了，结果做成了粥；第一次做菜时，不等锅里的水干就倒油，以至于油点溅了出来，把手烫了好几个水泡；第一次洗衣服时，衣服没有漂洗干净，晒干后还留有洗衣粉的痕迹。后来在母亲的指导下，再加上做的次数也多了，我便能做得很好了。

因为父母对我的放手，我才拥有了独立生活的能力。后来我自己有了孩子，虽然我平时也会注意对她独立能力的训练，但是我却不愿放手。但事实上，我放开手的那一刻，她一个人也能很好的生活。

那一年孩子的爷爷生病了，我和先生需要回老家一趟。在离开之前的几天，我一直在纠结要不要带孩子一起回去。我想带她一起回去，因为我担心她照顾不好自己，又不想带她回去，因为她已经到了小升初的关键期，请几天假会影响她的学习进度。

我实在拿不定主意，就将主动权交给了孩子。孩子对我说，她不想落下课程，所以这次不跟我们回去了。而我也跟她说明了我的担忧和顾虑。她听后质问我："你从来没有让我一个人生活过，怎么就知道我照顾不好自己呢？"

孩子的话给了我当头一棒，我希望她有独立生活的能力，但前提是我要给她独立的机会。就像孩童学习走路，父母要先放手才行，只有经历过一次次的跌倒，他们才能走好走稳。所以最终我选择尊重孩子的选择，留她一个人在家。当然，出于对她的安全考虑，我也做了一些安排。

三天后，我和先生回了家。见到孩子后，我就知道她将自己照顾得很好。

02

每个人都有属于自己的生活，而想要将生活经营得很美好，就必须要具备独立生活的能力。我们的孩子也有属于自己的生活，所以他们也必须要具备独立生活的能力。

独立作为一种能力，是需要从小培养的。我接触过很多的家长，他们有去培养孩子的独立能力，但是效果却都不尽人意。这是因为他们只顾着给孩子传授独立的经验和技能，而没有给孩子实践的机会。

我举一个很常见的例子：很多父母带孩子过马路的时候，都会教授孩子一些过马路的技巧，比如"红灯停，绿灯行，黄灯亮了等一等"；比如过马路的时候要多看看左右边有没有车，没车的时候才能过；走马路时要走马路的右手边等。孩子将这些话记忆的滚瓜烂熟，但是父母却没有给孩子独自过马路的机会。我们将孩子的手抓得紧紧的，不给他们实践的机会，孩子又怎么能学会独自过马路呢！

父母传授给孩子的经验，确实能让孩子少走弯路，但前提是必须要让孩子去走这个路。只有走过之后，他才能真正地掌握技能，总结出属于自己的经验。

我曾经看过这样一个故事：

一个树农给小树苗浇水时，总是不定时、不定量、不定点地去浇水，这种毫无规律的浇水法使得小树苗不停地枯萎。之后，树农挖出枯萎的小树苗，又重新种上新的树苗。

有人问树农，为什么不规律性地给小树苗浇水？

树农的回答是：种树是百年基业，需要很多年才能有所收获。如果每天规律地给小树苗浇水，小树苗就会产生依赖性，且树苗扎在地下的根浅而窄。只要几天不浇水，或是来一场狂风暴雨，树苗就会死去。而不规律的浇水能够让小树苗扎在地下的根深而广，生命力会更为顽强，这样的小树苗有很大概率能长成一棵参天大树。

我们的孩子就如同小树苗，想要孩子未来可期，就必须要培养他们的独立能力，因为独立能力能够让他们承受得住来自生活的磨炼和捶打。

03

在动物世界里，当老虎幼崽长大后，它就需要离开妈妈独自生活。老虎妈妈为了不让小老虎被大自然淘汰，会传授小老虎狩猎的技巧，更会放手让小老虎去实践。在无数次的失败与受伤之中，小老虎才能掌握独立生存的本领。所以大自然里的野兽幼崽们，它们学会独立的关键在于妈妈的放手。

我们的孩子长大之后，也会独自远行，所以同样需要掌握独立生活、独立生存的技巧。作为父母的我们如何赋予孩子独立的能力呢？答案在于放手让孩子自理。所谓的自理，简单点说就是让孩子自己的事情自己做。

在放手让孩子独立上，父母需要注意几点：

第一，我们的孩子在不同的年龄阶段，都有适合他做的事情。所以孩子年龄小、能力弱等不是我们剥夺孩子独立去做某些事的理由。因此父母要明确划分出孩子自己的事，既不能让自己越线，也不能让孩子退缩。

比如我在孩子很小的时候，就明确划分出哪些是她的事，像收拾玩具、整理书包、打扫各自的房间卫生等都是孩子自己要做的。当我们的孩子对"自己的事"有了一个明确的认知后，就会主动去做。

第二，在一个家庭中如果父母太过于强势或太过于溺爱孩子，孩子就很难得到自理的机会。因为父母的强势会让孩子不敢做，而溺爱会让父母替孩子做。所以父母需要检讨自己是否对孩子强势或溺爱，如果有，就要学会收敛。

比如在我小的时候，我比较畏惧父亲，因为父亲在我心目中的形象是强势的。我的父亲和我都很喜欢花花草草，但因为对父亲的畏惧，使得我不敢去照顾家中的植物。时至今日，我依然对照顾花草不在行，所以我们需要懂得在孩子的面前控制自己的强势，收敛自己对孩子的溺爱。只有做到不强势、不溺爱，孩子才会学会独立。

第三，在放手让孩子自理的过程中，为防止孩子丧失行动的积极性，作为父母的我们要多给予孩子肯定和鼓励，让他们在独立这条路上有信心越走越远。

比如孩子在第一次做家务时，肯定会做不好，如果我们给孩子的是批评，孩子就会丧失再次做家务的积极性，相反，如果给予孩子的是表扬和鼓励，孩子就会再接再厉。古语常说"熟能生巧"，独立作为一种技能，孩子实践的多了，就能熟练地掌握。

第四，当孩子与父母相处时，会本能地依赖父母。但是，一旦离开了父母，他们又能在极短的时间里学会独立。因此父母要给孩子创造独立的条件，给他们一个独处的空间。

孩子不是父母手中的提线木偶，他是独立存在的个体。在孩子的人生道路中，父母陪伴他们走过的路程是有限的，真正坎坷崎岖的路只能是他们独自前行，所以父母需要赋予孩子独立的能力。

在家里设立自治区，给孩子一方自己的小天地

01

在我的孩子4岁多一点时，我会时常带她去图书馆看书。她很喜欢看绘本故事，一个上午或下午，可以看七八本书。

每一次都是孩子自己去挑选，每一次看完后，她都会将绘本页面的边角放平整，然后放回到原来的位置上。其他妈妈看到她做事有始有终，都会先夸奖一番，然后又说起自己的孩子只知道从书柜中拿书，不提醒就会忘记放回去。

我的孩子为什么会有这么高的自觉性？那是因为我在家给她设立了一个自治区，让她自己打理她的一番小天地。

就比如说看书这件事，她很小的时候就喜欢看书，而我也给她买了很多本。只不过她每一次看完后，都不知道放回去，会在哪里看完就放哪里，所

以我总是帮她收拾。后来，我让她自己的书自己收拾，但只有在我提醒她时她能做到，不提醒时又故态复萌。有一次，她看完书后又乱放，我让她放回去。她恰巧在看动画片，而且动画片放到了最精彩的部分，她便不耐烦地对我说："以前都是你收拾桌子的，你顺便帮我放回去嘛！"

孩子的这句话让我意识到，她有领地意识。她认为客厅的桌子由我收拾，那么就是我的领地，而摆放在桌子上的书也应该由我放回去。所以我根据孩子的领地意识，专门在客厅给她设置了一个读书角。

这个读书角内摆放了一张小书桌，一个小书柜，里面放的全都是孩子自己的东西。孩子看到这个读书角后，很顺其自然地将其视为自己的领地，比如当我们将自己看的书放在她的书柜里时，她会将书拿出来，并会大声说："你们的书放你们的书柜里去，不要放我的书柜里。"

与此同时，孩子不会再将书乱放了，也会有意识地整理起自己的读书角。渐渐地，这个习惯渗透到其他方面，就比如我们在图书馆看书时，她会自然而然地将书放回原位。

02

很奇怪，为什么我们会对属于自己的东西格外重视呢？

比如在我小的时候，妈妈给我买一个小布偶，我非常喜欢。睡觉的时候，我会把小布偶抱到床上，让它陪着我一起睡；我去上学时，会将小布偶放在书包里，下课的时候会打开书包看看它。小布偶脏了，我会主动去洗一洗，小布偶"无聊"了，我会陪它玩游戏，别人动我的小布偶了，我会非常生气。

又比如，长大之后，迈入职场的我有了属于自己的办公室，我会用心地去装扮办公室的每一寸空间，会亲自选购放置在办公室内的每一件物品。哪怕再累，我也会坚持打扫、收拾办公室，整理自己的物品。

我会对属于自己的东西格外珍视，原因在于我的领地意识。而我的领地意识又使我潜意识里对物品进行主权维护。

什么是领地意识呢？简单点说，就是人对归属于自己的领域存在一种保护意识，不希望别人来打扰。每个人或多或少都有领地意识，我们的孩子也不例外。

比如当我们给孩子一方小天地后，孩子会不由自主地诞生出领地意识，会潜意识地去维护自己的领地。因为孩子会认为，在他的一方小天地中，他是主宰者，而属于他自己的领地其他人不可侵犯。就像是大自然中的某些动物，它们会用不同的方式标记领地。当有其他动物闯入领地后，它们会采用攻击的方式，将其驱逐出自己的领地。

孩子也会对属于自己的一方小天地产生领地意识，不过他们不会采用像动物那般极端的方式，而是用证明自己能够独立生活、生存的方式来拒绝父母或他人的打扰。所以孩子在自己的一方小天地中，会积极主动地独立面对自己领地内的一切琐事。

03

人的领地意识是很强的，这是因为我们的一方小天地对我们自身而言有着许多特殊的意义。比如，这一方小天地是我们的"避风港"，当我们在外面受了委屈或受伤时，会想在自己的一小方天地里寻求安慰和疗伤。

又比如我们的一方小天地可以给我们安全感。当我们的心灵为其他事感到惶恐不安时，只要待在属于自己的空间里，心才会立马宁静。

人们对属于自己的空间有需求，且需求越强烈，领地意识就越强。我们的孩子虽然小，但是他对属于自己的空间也有需求，也有或强或弱的领地意识。因此我们可以利用孩子的领地意识，去培养其独立能力。

对此，我们可以这样做：

第一，既然是利用孩子的领地意识来激发孩子独立，那么就要在家中开辟一块领地给孩子。所以我们可以在家中设立自我管理区，即父母的区域父母管理，孩子的区域孩子管理。

比如我的孩子，她很喜欢阅读，但是每次阅读过后都会把书摆放的到处都是，每一次都需要我提醒她去收拾。为了让她能够养成独立收拾书籍的习惯，我在家中给她开辟出了一块读书角。很简单，就是圈出一小块空地，在里面摆上一个书架，一套阅读时使用的桌椅。不用我的提醒，孩子本能地意识到这是属于她的地盘。每一次阅读过后，她都会将书放回书架原位。

第二，有时候，孩子的领地意识并不强，而孩子领地意识不强的话就很难激起孩子独立的心。所以父母需要"入侵"孩子的一方小天地，激起孩子的领地意识。

如何"入侵"呢？在孩子的一方小天地中，有他在意的禁区，我们要"入侵"的就是孩子的禁区。比如我的孩子，起初她的领地意识也不强，她巴不得我给她整理房间。为了激发出她的领地意识，我动了她的"禁区"——她用来放置信件的抽屉。因为我的女儿有好几个笔友，她会写信给笔友，诉说自己的烦恼和小秘密。当我打着帮她整理的旗帜动了她放信件的抽屉后，她的领地意识立马被激发起来，向我表示她会自己整理卧室。

第三，虽然利用孩子的领地意识能够激发出孩子的独立性，但是要谨防孩子的领地意识过头。因为一旦过头，性格会变得偏激、难以相处。这与我们的初衷是事与愿违的。

比如，当有小朋友来家中做客，并进入孩子的卧室玩耍时，孩子不许其他小朋友进入，并为此大发脾气，这就是领地意识过了头。对此，父母需要及时引导孩子，告诉孩子这样是不对的，并告诉孩子正确的做法。

所以，我们需要时刻关注孩子领地意识的强弱变化，将孩子的领地意识控制在一个安全值范围内。

选一些适合孩子年龄的事，让孩子自己去完成

01

有一回，我带孩子去肯德基，看到了这样一幕：

一位妈妈带着10岁的女儿来到点餐台，她给孩子点了一份薯条，然后找了一个位置坐下。这位妈妈很自然地拿起餐盘里的番茄酱撕开。她没有将番茄酱递给孩子，而是孩子每拿起一根薯条，她就往薯条上挤一点番茄酱。等番茄酱没有了，她叮嘱孩子乖乖坐在座位上，她则跑去点餐台找工作人员又拿了一袋。

这位妈妈餐桌的隔壁也坐着一对母女，其中小女孩的年龄不超过5岁。小女孩的餐盘里也有一份薯条，只见小女孩拿起番茄酱用力地撕了一下，结果却没撕开，在尝试了好几次，并且每次都失败后，她才向自己的妈妈求助。

让我意外的是这位妈妈并没有帮助孩子撕开，而是告诉孩子撕开酱包的技巧。小女孩在妈妈的指导下，一下子就撕开了，在吃的时候也是自己动手涂酱料。可能是小朋友们都喜欢吃甜甜的番茄酱，她很快就吃完了一包。她没有让妈妈帮她去餐台拿，而是跟妈妈打了一声招呼后，自己跑去了餐台朝点餐员拿了一包。

年龄小的女孩可以做到的事，年龄大的女孩也一定能做到。但为什么年龄大的女孩没有做自己力所能及的事情呢？原因在于妈妈对她的包办。

孩子的独立能力并非一朝一夕就能养成，它是一个漫长的过程，需要从很小的时候开始培养。选择一些适合孩子年龄的事，让孩子独自完成，能够很好地培养孩子的独立能力。

02

抛开溺爱孩子这一因素，父母对孩子大包大揽的其他因素还有哪些呢？我询问我身边的很多家长，他们给了我许多不同的答案。

绝大多数家长会对孩子包揽，是因为觉得孩子的年龄小。比如一个2岁大的孩子，不可能放她独自去完成购买；一个6岁大的孩子，不可能让他独自乘车去学校。在生活之中，也不能要求一个几岁大的孩子将自己照顾好，所以孩子年龄小成了家长不让孩子去尝试某些事的理由。

有部分家长会对孩子包揽，是觉得孩子的能力弱，做的达不到自己的要求。比如让孩子收拾东西，结果孩子摆放的到处都是，比收拾之前还要凌乱。与其自己会重新做一遍，不如一开始就自己去做，不知不觉中就剥夺了孩子独立的机会。

一旦我们给孩子贴上了"年龄小""能力弱"这样的标签，哪怕孩子能够做好的事情，我们也会不由自主地想揽到自己的手中。

我举一个事例：在我孩子很小的时候，我们路过小水坑时，我会自然而然地抱起孩子跨越过去。随着孩子渐渐长大，她能够跨过水坑了，但我每次遇到小水坑时，还是会不由自主地抱起她跨过去。哪怕我的孩子跟我说她已经长大了，能够自己跨过去了，但我下一次的时候还是会抱她跨过去。

诚如我的孩子所说，她能够独自跨越水坑了，但我却没有放手。我不放手的原因是因为我将抱她跨越水坑这件事当成了习惯。这也能直接表明，我越是认为孩子年龄小、能力弱，孩子"年龄小"和"能力弱"的标签就越会在我的脑海中根深蒂固。

不可否认，孩子因为年龄小或能力弱，导致某些事情的确做的不尽人意。但是这并不是我们对孩子包揽的理由，也不是我们剥夺孩子独立机会的借口。父母需要明白，我们的包办，对孩子来说是一种灾难。

独立是一种能力，而任何一种能力都是需要很多次的实践才能掌握的。孩子在实践中才能总结出经验，学会什么是独立。

孩子们学习独立是一步一个脚印的过程。我们无法让孩子飞越而过，那就让孩子脚踏实地地去走，即在什么样的年龄做什么样的事。对此，我们可以根据孩子的年龄选一些适合孩子去做的事。在做的过程中，孩子的独立能力自然会逐步提升。

03

孩子的独立是不看年龄的，只要我们做好了让孩子独立的准备，那么在孩子的任何年龄段，都是可以培养孩子独立能力的。孩子的年龄决定了孩子的能力，在根据孩子的年龄选择出一些适合孩子做的事上，我有几点建议给各位家长：

第一，我们所认为孩子不可能做到的事，事实上孩子是能做到的，孩子远比我们想象的要优秀。所以我们在选适合孩子做的事情时，可以适当地超出孩子的年龄。

比如独立吃饭这件事，很多父母认为1岁多点的孩子无法做到独立吃饭。但事实上，只要我们愿意对孩子放手，1岁多的他们是能够很好地做到将食物放到嘴里进食的，只不过他们会将餐盘里的食物吃得到处都是。但是随着孩子练习的越来越多，他们就会慢慢熟练起来。因此，我们要放宽孩子的年龄去筛选孩子能做的事情。

第二，想要知道孩子在他这个年龄段能做的事情有哪些，最好的方法就是鼓励孩子去尝试，孩了只有在尝试之后才能知道能不能做。因此我们在做某件事时，可以喊孩子帮忙，但前提是不要想着孩子可以真正地帮到自己。

不宠溺不代劳，让孩子学会管理自己的事务

01

记得在孩子刚上小学的时候，每天我去接她放学，她几乎都是最后一个出校门的，而且到家之后常常会出现作业本忘记带，铅笔不知道丢到哪里之类的情况。经过一段时间的观察后我发现，这些状况都是因为她不会整理书包而导致的，也因为这件事，我开始意识到她存在的一些问题。

其实不仅是书包，在其他方面孩子也常常会出现丢三落四的情况。今天芭比娃娃的裙子不见了，明天刚买的橡皮擦不知道丢哪儿去了，就连刚脱下来的袜子都可能"神秘失踪"一只。这些问题的出现让我开始反省自己。

在之前，因为孩子年纪小的缘故，她的很多事情几乎都是由我来包办的，我也一直认为这是作为母亲应该做的事情。我帮她把房间整理得井井有条，帮她收拢散乱的玩具，帮她搭配每天穿的衣服、梳的发型，帮她决定每

顿饭搭配的营养饭菜……这种习惯一直持续到现在。可以说，对于"整理"这件事她是没有任何经验和概念的，因为她已经习惯了一切都交给妈妈，自己只需要接受井井有条的安排就好了。意识到这些问题之后，我开始做出改变。

首先，我做的第一件事是教会孩子如何整理书包。我给她购买的书包是有很多隔层的款式，我尝试引导她先对书包的每一个隔层都做出分配和安排，然后再督促她把东西一点点放进去。

这个过程并不容易，有好几次我都差点忍不住直接上手，或者试图帮她规划好每一个隔层的安排和放置，但最终我还是忍住了，只是静静地待在一边，鼓励她按照自己的想法去做。

一开始孩子整理得很慢，而且经常忘记带东西，但几次之后我惊讶地发现，她整理的书包已经井井有条了。后来她不再是最后一个出校门的，也很少再出现忘记带作业本，或者找不到铅笔的情况。

这之后，我开始督促她自己整理房间、收拾玩具，她甚至还在没有询问我意见的情况下，重新给自己的小书桌进行了规划。

02

关于溺爱孩子的危害，已经有无数的教育学家、心理学家都强调过了，但在现实生活中依然有很多家长，在照顾孩子时恨不得包办一切，把孩子养成了衣来伸手、饭来张口的模样。更重要的是，这些家长中有很大一部分人并不认为自己是在"溺爱"孩子。

这其实也并不奇怪，因为很多父母之所以包办孩子的一切，确实不是出于"溺爱"。有的家长可能认为，收拾房间、整理书包这样的生活琐事没什么大不了的，没必要专门去"学习"，孩子长大以后自然就会了；有的家长则认为，相比这些琐事来说，学习成绩显然要更重要得多，毕竟只要成绩好了，以后就能找个好工作，不会整理房间可以请保姆呀；还有的家长则纯粹是从效率方面进行考虑的，毕竟很多事情，让孩子自己做，可能会花费更多的时间，而对于家长来说，顺手就能搞定，那么又何必让孩子"浪费时间"呢？

然而，家长们却忽略了一个非常重要的问题，那就是孩子习惯的养成。整理书包、收拾房间本身确实是一些不起眼的生活琐事，但在做这些琐事的过程中，孩子所收获的却不仅仅是"整理"这项技能，更重要的是一种有序和独立的习惯与态度，这对孩子现阶段的学习和未来的工作、生活都有着非常深远的影响。

一个在生活的方方面面都能做到有序的孩子，必然拥有强大的自制力，这样的孩子无论在学习还是工作上都很容易做出成绩，因为他们的自制力能够帮助他们抵御很多诱惑，让他们一直向着目标努力前行。

此外，一个有序的孩子，其思维能力和逻辑能力通常都是非常优秀的，而这两项能力无论在学习还是工作上都会发挥巨大的作用。

所以不要小看这些生活琐事，成长本就是一个需要耐心的漫长过程。作为家长，我们一定要把握好爱的尺度，让孩子可以在生活的磨砺中一步步去学习、去成长。也请多给孩子一些耐心，即使他们需要花费多于我们数倍的时间去整理书包、收拾房间，也请耐心地放手让他们自己去努力，请相信，在这个过程中，他们所获得的，必定将远远超过他们所"浪费"掉的时间与精力。

03

作为家长，我们应该如何做才能帮助孩子更好地提高自主管理能力呢？

第一，重视孩子发展秩序的敏感期，帮助孩子培养良好的整理习惯。心理学家认为，从孩子出生到4岁之前这段时期是秩序感形成的一个敏感时期。在这个时期，如果父母能够重视并帮助孩子培养良好的秩序感，那么将来孩子会更容易拥有较强的自我管理能力，做事情也会更加井然有序。

第二，不宠溺，不代劳，让孩子学会自己的事情自己做。在日常生活中，父母要注意培养孩子的独立意识，不要总想着事事包办。只要是孩子力所能及的事情，父母都应该有意识地鼓励和培养孩子自己去做，不要因为觉得浪费时间，或者害怕孩子不能做好就自己去代劳。

从表面上看，这些生活琐事似乎并不是很重要，但实际上，这也是孩子成长过程中非常宝贵的一课。通过安排这些琐事，可以更好地提升孩子的逻辑能力和自律能力。此外在这个过程中，如果父母能够适时地给予孩子鼓励和肯定，那么对孩子自信心的建立也是大有裨益的。

第三，给孩子一个有秩序的空间，并让他们学会自己维护。在有条件的情况下，父母最好能给孩子一个属于他们自己的独立空间，这是培养孩子独立性的有效方法，同时也会让孩子感受到父母对他们的尊重。

此外，在给孩子安排这个独立空间的同时，我们还可以引导和督促孩子去打造并维护这个空间的秩序感，比如要求孩子规划出固定摆放生活用品和玩具的地方，要求孩子自觉把使用过的东西放回原位等，这些都是帮助孩子培养自主管理能力的重要方法。

第五章
激发孩子抗逆力，引导孩子在挫折中独立

· ·

　　人生就像那反复无常的天气，有阳光明媚，有乌云密布，有雷雨交加，有冰雹白雪呼啸而下。孩子在成长的过程中，必然会遇到无数的挫折。而击败挫折的武器，就是孩子的抗逆力。所以，父母需要激发和培养孩子的抗逆能力，让他们在挫折中独立。

· ·

没体验过挫折的孩子，容易成为社会的弃子

01

我有一个朋友，他经营着一家规模不大不小公司，收益尚可。我们初识是在一次饭局上，在聊到关于孩子的话题时，他也不见外地说起了最近的烦恼。

原来，他有一个刚刚高中毕业的女儿。他的女儿从小品学兼优，前不久刚刚收到梦寐以求的大学录取通知书。他想着距离入学的时间还有近两个月，与其孩子在家待着，还不如去驾校学车考到驾驶证。

考过驾照的朋友都知道，科目一是理论知识，所以女孩轻轻松松考过了。轮到科目二场地练习的时候，她的考驾照之路瞬间变得艰难起来。比如说，她在练习倒车入库时，总是会压线；在练习定点爬坡时，不是定不准点，就是会熄火等，这些在考试时都会被扣分。她在驾校的场地练习了很久

才达到要求，便决定考一次试试。然而，她在考试的时候太过紧张，总觉得自己会开不好，最终她没能考过。

这次失败给了她很大的打击，一下考场就哭了。回到家后，也跟父母说不想学了。在父母的劝说下，才不情不愿地去驾校场地练习。之后科目二的第二次、第三次补考，她都没有考过。接二连三的失败让她再也不愿意学了，她捂住耳朵，谁的劝说都不听。到现在，学习期限快要到了，她都没有回去重新学的想法。

我在听完这位朋友的烦恼后，可以预见他的女儿从小生活在一个无忧无虑的环境中，没有遭遇过挫折。而考驾驶证是她人生中遭遇的首个滑铁卢，因为不敢面对，才选择了放弃。然而一个人的人生太过漫长，会遭遇无数的挫折，没有一颗坚毅勇敢的心，无疑会被伤害的体无完肤，也终将成为社会的弃子。

02

我曾陪孩子看了一档动物纪录片：

在冰冷的南极，一群憨态可掬的企鹅生活在一块被冰雪覆盖的陆地上。企鹅群中有许多只新出生的企鹅宝宝，它们嬉戏打闹，累了后就小憩，乖乖地等待下海捕鱼的企鹅妈妈们归来，投喂它们。

渐渐地，小企鹅们长大了。有些小企鹅都会随企鹅妈妈下海，学习游泳、捕鱼等生存的技巧，有些小企鹅依旧待在陆地上，等着企鹅妈妈投喂。然而，这块陆地并不是企鹅的天堂。这块陆地上危机四伏，企鹅家族有着众多的天敌。

有一天，一群海狮闯入了企鹅们的栖息地，企鹅们受到惊吓后，一部分跃入了水中，一部分在岸边逃窜。那些经历过天敌袭击、学会了生存技巧的企鹅们，几乎都逃离了危险，只有那些没有经历过危险、没有受过生存训练的小企鹅们，成了海狮的盘中餐。

令我惊讶的是，这次危机过后，那些幸存的小企鹅们不再想着偷懒、安逸，它们主动跟随在企鹅妈妈身后，学习独立生存的技巧，面临大自然给其的考验。它们仿佛知道，如果学不会生存的技巧，不经历大自然给予的挫折，那么下一次天敌来袭时，它们将会成为食物。

这档纪录片给了我很深的感触，大自然物竞天择，适者生存的法则，放在人类社会也同样适用。我们的孩子如果没有体验过挫折、掌握独立生存技巧，未来也很容易成为社会的弃子。

我为什么会这么说呢？因为没有经历过挫折的孩子，心理承受能力会很差。很多时候不用社会的淘汰，孩子自己就已经主动放弃了。

没有经历过挫折的孩子，缺乏一颗感恩的心。因为，人只有在遭遇挫折的时候，才会想起以往安逸的生活是多么的难能可贵，多么值得去感恩。而不曾面临挫折，就不懂得感恩生活，不懂得感恩他人。换一种说法，缺乏感恩的心的人容易自私自利，而这样的人无疑是惹人厌恶的。

没有经历过挫折的孩子，在遇到挫折的时候，不是逃避，就是表现出极强的好胜心。不管是哪种表现，都不会受到他人的重用。所以没有经历过挫折考验的孩子，其未来是可以预见的。

此外，没有经历过挫折的孩子，独立能力也很差。因为独立作为一种能力，它是经过挫折和困难的磨炼而提升的。

可见，缺失了挫折教育，孩子在竞争如此激烈的社会中，很容易被淘汰。

03

孩子就如同花朵一般，而恶劣的环境就好比是人生中的挫折。只有经历过挫折的洗礼，他才能绽放出美丽的、生机勃勃的人生。孩子也像是一只雏鹰，长大之后，要飞到那片属于他自己的天空。作为父母，我们不可能时刻将孩子揽在羽翼之下为其遮风避雨，他们终有一天要独自面对。

为了不让孩子在未来成为社会的弃子，所以必须要对他们实施挫折教育，让孩子在挫折中激发无限潜能，提升抗挫折的能力。

如何对孩子实施挫折教育呢？我有几点建议：

第一，父母要学会放平心态看待挫折，不要过分担忧孩子。当心态放平，就不会将孩子纳入自己的保护伞下了，会放手让孩子自己去体验挫折。

很多时候，我们帮助孩子解决问题的行为是不由自主的，因为我们内心深处担心孩子处理不好，担心孩子会被挫折所击倒。事实上，挫折带给孩子的困境只是暂时的，当孩子击溃了挫折，他的眼前会是柳暗花明，也将收获挫折带来的益处。

第二，当孩子缺少面对挫折的机会时，父母可以人为的制造逆境。比如跳水健将郭晶晶，她会时常带着孩子去做农活。对于从小生活在无忧无虑的环境中的孩子来说，田间辛苦的劳作无疑是一种逆境，而这种逆境是人为制造出来的。

需要注意的是，我们在给孩子制造逆境前，要结合孩子的心理承受能力。一旦孩子的心理承受能力与逆境相差甚远，那么孩子的抗逆力不仅得不到提升，还会使孩子丧失自信心。

第三，人在遭受挫折的时候，或多或少有退缩的心理。因而，父母在孩子遭遇挫折的时候，要给予孩子鼓励。父母的鼓励是孩子抗击挫折的动力，能令他们越挫越勇。此外，不管孩子抗击挫折后的结局是好是坏，都要给予孩子肯定的回应。这样孩子才有勇气和信心面对下一次的挫折。

父母不是孩子的影子，不能时刻地伴随在孩子左右。何况影子在无光的时候，也会消失不见。所以，让孩子经历挫折远比保护孩子要重要。当孩子在挫折中学会了独立生存的技巧，他才不会被社会所淘汰。

孩子的承受力，远比你想象中要强大

01

我和我奶奶的感情很好，可以说，是她陪我度过整个童年时光的。不过，奶奶在我9岁那年去世了。时至今日，我依然清晰地记得她慈祥的面容，依然会梦见小时候与她相处的画面。

我的奶奶是因病去世的。在发现她患病时，我父母就将她送去了医院。我因为要上学，加之医院距离家很远，所以不能天天去医院看望她，只能在周末的时候，跟着父母去医院看她。每一次看到她，她都会笑着对我说，她好得很，等她出院了，就给我做很多好吃的。

后来有一段时间，我的父母不再带我去医院了。我跟父亲说我也想去，但父亲却以我快要考试，应该留在家中复习功课为由拒绝了我。每当我问起奶奶的病情时，他们都说还算稳定。但那一段时间，他们总是早出晚归，甚至有好几次夜里都没有回来，而他们则以工作忙向我解释。可能是因为年纪小，我并没有想那么多。

终于，考试结束了，我也放起了长假。我跟父母提出我要去医院看望奶奶，想去陪陪她。父母听后，欲言又止地看着我。父亲沉默了一会儿，他对我说奶奶在不久前已经去世了。当时，我的眼泪一下子就流了出来。我质问父亲为什么不早点告诉我这个消息。他对我说奶奶走的时候并不安详，非常痛苦，他担心我无法承受奶奶被病魔折磨的画面，更害怕我接受不了她去世的事实，因为他深知我与奶奶的感情有多么的深厚，我是多么的尊敬她、爱她。

如果当时有人问我，你最无法承受的是什么？我的回答是生离死别。但是，当事实摆在眼前，我伤心的同时，也很快接受了。

那天，我哭了很久。父母带我去了奶奶的墓地，我看着墓碑上奶奶微笑的照片，很伤心、很难过，但内心却很平静。

我诉说我的这段经历是想告诉每位家长，孩子的承受能力远比你想象得要强大。

02

人活在这个世上，总会遇到不称心的事。但是，同样一件不好的事，不同的人在面对时，表现出的态度却截然不同。

有的人会坦然面对，坚信没有什么坎儿是跨不过去的；有的人则会胆怯退缩，仿佛天塌了一般。人们之所以会展现出两种完全不同的态度，是因为心理承受能力存在差距。心理承受能力强的，不畏惧任何磨难，而心理承受能力弱的，一点小困难就会将其击倒。

我们的孩子虽然小，但是他们面对的烦恼、挫折、困难等，一点也不比成年人少。有的孩子能够勇敢面对，但有的孩子却表现得一蹶不振，甚至有些孩子会做出极端伤害自己和他人的行为，后者的承受力显然是差的。

随着新闻媒体放大孩子们心理承受能力薄弱的案例，很多父母也关注起孩子的心理健康发展。不过，关注的点不在于如何提高孩子的心理承受能力，而是在于如何不让孩子的心理承受压力。比如在孩子考试得了一个很低的分数时，许多父母并没有让孩子总结为什么没有考好，而是主动地帮孩子找各种没有考好的理由；孩子在遇到挫折的时候，不等孩子求助，父母就伸出了援助之手等。

父母这么做的确能让孩子不用承受挫折。但是，我们越是不让孩子去承受，孩子的心理承受能力就越弱。当孩子没有了父母的陪伴，需要独自在人生的道路上前行时，他们将寸步难行。此外，不让孩子独自承受，孩子将无法总结出走出逆境的技巧和经验，当下一次碰到类似的逆境时，依然无法走出来。

父母需要明白，新闻媒体报道出来的案例仅仅是个例。现实情况是我们的孩子的承受力远比我们想象得要强大。

比如，在孩子即将入园时，你认为孩子无法适应幼儿园的生活，无法面对与父母分离，但是一段时间之后，孩子适应得非常好，甚至他更乐意与老师、同学相处；当孩子与同学起争执时，你认为孩子无法再与同学好好相处了，但现实是没过几天，孩子就与同学和好如初了。

可见，很多时候仅仅是我们认为孩子的心理承受能力差，但事实上，孩子是有一颗强大心灵的。

03

孩子的承受力是可以通过后天的训练来提升的，而提升的最好方法，就是将孩子放置在逆境之中。当孩子的心灵经历了逆境的捶打，才会变得无坚不摧。

对此，我有几点建议给各位家长：

第一，真正的爱孩子，不是将孩子保护在自己的身后，而是给予孩子面对逆境的机会。因为只有经历过重重困难，孩子才懂得怎么去做，其心灵才会进阶。所以父母要主动将孩子放入逆境之中，并且教授孩子应对困难的方法。

比如孩子学走路。想要学会走路，必然要摔上很多次，而摔倒就是孩子在学习走路这件事上遇到的困难。如果我们为了不让孩子摔倒而剥夺孩子学习走路的权利，那么孩子将永远学不会走路。只有放任孩子去摔倒，他才能学会走路。不过，在孩子深陷逆境时，我们可以教授孩子一些方法，让他们尽快走出困境。

第二，很多孩子遇到困难、挫折或烦恼时，会用消极、悲观地态度来面对。这类孩子在同一个逆境中，会栽倒无数次，这显然是为人父母的我们不愿意看到的。因此，父母要引导孩子正确看待逆境，明白人生中的逆境只是生活给予的考验，只要走出了逆境，将收获更多。

比如在生活中，当我们陪孩子看新闻时，看到有人被逆境所困扰，这时，可以给孩子灌输"人生并不是一帆风顺的""困难并没有那么可怕"等思想观念。

第三，在任何情况下，父母的鼓励和肯定对孩子来说都是一颗定心丸，一针动力剂。尤其是当孩子处在逆境之中，心灵承受巨大的压力时，他们更需要父母的鼓励和肯定。所以，我们要毫不吝啬地对孩子表扬与鼓励，让他们有信心、有动力去迎接生活给予他们的磨炼。

第四，我们将孩子放置在逆境之中的目的，一个是为了激发孩子的抗击性，一个是为了让孩子在下一次遇到相同或相似的逆境时，可以坦然应对。所以，在孩子经历逆境之后，作为父母的我们需要帮助孩子总结逆境之中的应对技巧与经验。这样，孩子才不枉在逆境中走一遭。

给孩子制造点困难，送给他不一样的人生体验

01

前段时间，同事小陈遇到了一个令他烦恼的事儿，事情和他5岁大的儿子有关。

小陈夫妻很忙，他们的孩子从小与爷爷奶奶生活，祖辈的溺爱使得孩子非常的娇气，没有一点男孩的皮实。比如小陈带孩子去户外踢足球，孩子会嫌太阳大不想去，或是踢了一会儿就说累了，想要回家；孩子和其他小朋友玩游戏时，如果输了会用哭来表达自己的不满。

小陈发现孩子的问题后，慎重对待起来。他帮孩子报了一个平衡车兴趣班，希望靠这些运动能够训练孩子的意志力，从而改掉孩子娇气的毛病。

起初小陈的孩子很感兴趣，但是在摔倒几次后，就嚷嚷着不学了。在遭到小陈的拒绝后，孩子大哭大闹，而第一节课也在孩子的哭闹声中半途而废

了。小陈回到家后，给孩子说了很多鼓励的话，并用奖励来激励孩子继续学习。

在奖励的诱惑下，孩子去上了第二节课。在摔倒几次后，终于学会了缓慢前行。然而，当老师教授一些技巧性的动作时，孩子又因为难而退缩了。这一次，不论小陈怎么威逼利诱，孩子就是不学。而小陈也为此烦恼不已。

小陈对我倾诉完，我发现他的孩子内心畏惧困难，因为害怕困难，才会对有困难的事情产生退缩的心理或举动。也从中可以看出，孩子是缺乏抗逆性的。那么是什么原因导致孩子害怕困难呢？归根究底，还是因为孩子在生活中鲜少遇到困难。

困难就像是一座高山，站在山脚下，你会觉得巍峨、磅礴，难以攀登。但是当登上去后，又会觉得山并没有想象得那么高，所谓的困难也没有想象得那么可怕。更重要的是，当下一次遇到相同的困难时，能够坦然地应对。

02

穷人有穷人的烦恼，富人有富人的忧愁。每个人在生活中，都会遇到困难，我们的孩子虽然小，但是遇到的困难却并不少。

但是，孩子们遇到困难时的表现是截然不同的，有的孩子会迎难而上，有的孩子会胆怯退缩。这在于我们的孩子是否有一个强大的内心。内心强大而坚毅的孩子，会将困难当作人生给予自己的考验，并认为没有什么困难是解决不了的，即使解决不了，也能坦然地去面对；而内心脆弱的孩子，会将困难当作人生中的灾难，还没有去面对，就主动选择了退缩。

那么，是什么原因造成了孩子们的内心有强弱之分呢？比如我的孩子，她在成长过程中，很少会遇到困难。即使遇到了困难，也被我们不经意地解决了。孩子在缺乏面对困难的经验时，自然会退缩。

话说回来，孩子面对的困难少，归根究底还是因为父母对孩子的宠爱和包揽。但作为父母的我们需要明白，在孩子成长的过程中，他需要有一颗强大的内心。只有内心强大才会无所畏惧，才会坚持不懈地去追求自己的理想。也因为有一颗强大的内心，他才能很好地适应这个社会。

然而，没有一个孩子生来就有一颗强大的内心，而每一颗强大的内心都是经过后天磨炼出来的。也就是说，我们的孩子需要经历困难。

03

回忆我们孩子的入学过程，在刚进入幼儿园时，孩子会遇到很多的困难，这些困难会令孩子厌恶上学。如果我们选择对孩子妥协，让孩子在家里缓几天，那么孩子的内心会更加抵触上学。相反，如果我们不对孩子妥协，鼓励孩子勇敢面对。那么过一段时间会发现，孩子已经很好的融入幼儿园生活。

对孩子来说，他厌恶上学是因为他害怕面对上学期间遇到的种种困难，因困难而退缩。当他喜欢上上学，意味着他克服了诸多的困难，并不再害怕困难。而这次的入学经历，会令孩子不再畏惧上小学、上初中，甚至不再畏惧更久远的求学路上碰到的难题。

可见，经历困难不仅能使孩子获得解决问题的技巧与经验，也能够提升孩子的抗逆性，使孩子有一个不一样的人生。

在孩子面对困难上，父母可以这样做：

第一，对父母来说，孩子遇到的困难都是微不足道的，不经意间就帮孩子解决了，或是看到孩子解决困难时表现得很吃力，会不自觉地抢过来解决。然而，父母帮助孩子解决困难，便意味着孩子丧失了解决困难的机会。

所以，在孩子遇到困难时，父母既要控制好自己不帮孩子解决问题，也要鼓励孩子勇敢面对，解决困难。双管齐下，孩子能在困难之中，磨炼出坚毅的性格，提升抗逆性。

第二，现今绝大多数的孩子，生活的环境都是惬意的，是一帆风顺的。孩子没有机会遇到困难，也就没有机会去解决困难。对此，父母要懂得适当给孩子制造点困难。

相较于让孩子面临未知的困难，我更倾向于给孩子制造点困难来提升孩子的抗逆性。因为，提升孩子的抗逆性是一个循序渐进的过程，只有一点点增加困难的难度，孩子的抗逆性才能逐步提升。倘若孩子一开始就面临一个巨大的困难，那么会打击孩子面对困难的自信心，更别说提升孩子的抗逆性了。

需要注意的是，我们在给孩子制造困难时，需要考虑孩子的承受力。因为，当我们制造出来的困难等于孩子的承受力时，那么对孩子来说那并不是困难；当制造出来的困难远远大于孩子的承受力时，那么这个困难将会击溃孩子的心灵。只有当我们制造出来的困难微微大于孩子的承受力时，孩子的抗逆性才会有所提升。

任何事物都存在双面性，困难也是如此。在遇到困难的时候，会觉得眼前昏暗无关，但是解决困难之后，会发现柳暗花明又一村。给孩子制造点困难，就是送给孩子一个不一样的人生体验。

在一次次失败中，教会孩子什么叫越挫越勇

01

说来也巧，邻居的孩子小星星和我的孩子同岁，所以两个孩子从咿呀学语时就在一块玩耍了，他们共同走过了蹒跚岁月，一块进入了幼儿园，在小打小闹中惺惺相惜，友情更深。

通过孩子们之间玩耍互动，我也在我的孩子身上发现了诸多的问题，比如我的孩子好胜心太强，经不起失败。

在这儿，我说两个事例：

在孩子3岁半时，有一天我的邻居带着孩子来串门。我和邻居都是烘焙爱好者，所以我们在厨房里做起小蛋糕，而孩子们在客厅的游戏桌上玩我新买的玩具——积木。但是，孩子们没玩一会儿，就听到小星星地哭喊声。我和邻居听到哭声后立马放下手中的事，去看看孩子们怎么了。

原来，两个孩子在比赛堆积木，看谁堆得高。我的孩子在此之前鲜少玩积木，而小星星在家中常玩，所以小星星堆得又快又好。我的孩子眼看自己要输了，就一股脑儿地推倒了小星星搭好的积木，所以小星星才伤心地大哭。

这件事往小处看，是孩子们的小打小闹，不值得我们放在心上。但往大处看，是我的孩子好胜心强，承受不了失败。

如果这件事不能反映出孩子承受不了失败，那么另外一件事，则能彻底地看出我的孩子有多么的畏惧失败。

我的孩子很喜欢表演，在她幼儿园阶段的某个六一儿童节前夕，老师给孩子们排了一个合唱节目。老师根据孩子们的表现，要选出一个领唱的人。我的孩子对领唱这个位置很感兴趣，所以在排练演唱的时候表现的积极，每天放学回到家也会勤奋练习。可惜的是，最后老师没有选她。

但让我意想不到的是，孩子将她没有选中的事告诉我后，心情极为低落地跟我说，她不想参加合唱表演了。事实上，在六一会演那天，她也哭闹着不想去学校。

由此，我发现我的孩子在面对失败时，不是表现得很偏激，就是很退缩。然而，社会是现实的、残酷的，处处都存在竞争。有竞争就意味着有成功与失败，所以我们无法用玻璃心去面对社会，面对自己人生的种种失败。

所以，从那个时候起，我有意地训练起孩子的抗逆性，帮助她塑造一个强大的内心，引导她正确地去看待失败。

02

人的一生会遇到无数个挑战，这其中有成功有失败。成功了，我们固然欣喜，但失败了，也不必颓废。因为失败是人之常情，没有人永远是常胜将军。

但是，为什么有的孩子会对成功与失败如此耿耿于怀呢？无外乎以下一些原因：

孩子经历的失败太少，还无法看破成败。孩子成长的过程是一个探索的过程，这个过程中的每一次尝试都有成功和失败可言。如果父母对孩子的事大包大揽或是对孩子百依百顺，那么就剥夺了孩子面对失败的机会。而孩子面对失败的次数和其心理承受力是息息相关的，面对失败的次数越多，心理承受力就越强；面对的次数越少，心理承受力就越少。所以，我们会发现，但凡对成败极为在乎的孩子，鲜少面临失败。

父母对成功过于看重，也会导致孩子畏惧失败。很多父母对孩子有很高的要求，比如会规定孩子考试考多少分；要求孩子比赛得多少名；做一件事情必须要做到最好等，如果孩子做不到，就会批评或惩罚孩子。这就使得孩子非常看重成败，也畏惧失败。

孩子过分看重成败，会给孩子带来很多不利的影响，首当其冲的就是孩子不敢去尝试。因为孩子害怕失败，内心就抗拒去尝试。因为孩子会认为，不去尝试就不会面临失败。然而，这种想法是自欺欺人的。

小的时候，我很喜欢打乒乓球，打的也很不错。每年我所在地区的几所学校会联合举办乒乓球比赛，获胜者会有丰厚的奖品。我的老师和同学见我打得不错，纷纷让我报名参加。但每一次我都拒绝了。之所以拒绝是因为我害怕面对失败，并固执地认为只要我不参加比赛，就不算输。

现在回过头想想，我不去参加，其实是输得更彻底。因为参加的话，成功与失败各有一半的概率。即使在比赛中失败了，也能够获得经验。而不去参加的话，则是完全失败。所以，不去尝试就不会失败这种想法，无疑是自欺欺人的。

我为何会畏惧失败呢？归根究底，还是面对失败的次数太少。

03

可以说，成功与失败是与人如影随形的，几乎每做一件事，都是有成功与失败可言的。那么，如何才能让我们的孩子不畏惧失败呢？

第一，正如我先前所说，孩子害怕失败的原因之一，就是经历失败的次数太少。这种心理就像我们面对一个陌生的事物，会不自觉地胆怯。但是，一旦和新事物接触的次数多了，就会做到波澜不惊。

因此，我们要给予孩子尝试失败的机会，并在孩子面对的一次次失败中，教会孩子越挫越勇。当孩子经历失败的次数多了，就不再害怕失败，并会燃起一颗战胜失败的决心。

第二，孩子的思想观念很多时候是受到了父母的影响，当父母不再看重孩子的成功，那么孩子也将不畏惧失败。当我们的孩子学会正确看待成功和失败后，那么失败不再将是累赘，而是砥砺孩子前行的动力。

因此，父母需正确引导孩子看待成功与失败。在日常生活中，我们要给孩子灌输胜不骄，败不馁的思想，告诉孩子没有人能一直成功，也没有人会一直失败的道理。此外，在孩子面临失败的时候，要及时给予孩子鼓励，对孩子敢于尝试的行为表示肯定。只有这样，孩子才不会被失败所束缚，会敢于向失败挑战。

任何事物都存有两面性，失败也是如此，比如失败能够激发人的意志力，能够令人越挫越勇；失败能够令人获得教训，总结经验；失败能够磋磨人过于膨胀的自信心或锐气，使人的心态变得平和。当我们试着用积极的眼光看待失败，那么失败回馈给我们的也将是积极的一面。

赋予孩子"一己之力"，也别强迫他"自不量力"

01

我的孩子从小就不爱运动，而运动也一直是她的弱项。但是，运动可以锻炼一个人的体质，也能提升人的品质。所以，在周末的时候，或是阳光明媚的时候，我总会带着她一起去户外跑步、爬山等。

就拿跑步来说，孩子没跑一会儿，就会喊累，嘟囔着坚持不下去了。每当这个时候，我都会在一旁鼓励她，肯定她，让她坚持下去。她听后会咬牙坚持，但是跑得速度特别慢。同样一段路程，她花费的时间是其他孩子的2倍。

或许我的孩子真的没有运动天赋，哪怕我时常陪她跑步，她也没有将速度提升上来，好在她在运动之中学会了自信、耐心、勇敢、坚毅等诸多优秀的品质。这些品质使她在遇到挫折的时候，总能淡然而独立。

在与孩子相处的过程中，我赋予了孩子"一己之力"，但却忘记告诉她不要自不量力。

有一年，孩子的学校举办运动会，其中有一个1500米的长跑项目。当时孩子所在的班级没有同学报名参加，体育委员就央求她参加。我的孩子也同意了。

孩子回到家后，告诉了我这个消息。当时我没有考虑她的能力，就直接鼓励她要加油，要取得一个好名次。她的老师和同学也都纷纷鼓励她，让她为班级争光。所以，在运动会来临之前，她每天放学都会去楼下跑步，但效果甚微。

运动会来临，孩子上了跑道，当"开始"的枪声响起后，孩子们纷纷向前冲，她很快就落在了后头。我看见她拼命地往前跑，眼里的胜负欲特别强。但她再怎么努力，依然被甩在后头，甚至因为焦急还狠狠摔了一跤。

虽然孩子的膝盖受伤了，但她坚持跑完了比赛。不过，她没有获得名次。这件事情过后，她显得十分自责，人也沉默了很长一段时间。

02

为人父母，我们希望孩子的身上有诸多美好品质，希望他们在面对挫折和困难的时候，能够勇往直前。

父母教导孩子不畏惧挫折、勇敢打败挫折这个观点并没有错，但是也需要考虑孩子的能力是否与挫折匹配。当孩子的能力远远低于挫折的难度时，那么挫折就是一条又深又远的沟壑，任凭如何努力，都难以跨越。这个时候强迫或要求孩子面对挫折，无疑是自不量力，如同鸡蛋碰石头。

就像我的孩子参加长跑一样，她的能力摆在那里，比赛成绩是可以预见的。但是，我对她的期望、老师和同学对她的期望，都给了她很大的压力。就像墨菲定律说的，你越是希望做好一件事，那么就越会有做不好的可能。她越是希望获得一个好名次，就越跑不好，最终结果也是如此。

人在面对挫折的时候，需要兼具良好的品质和足够的能力才能击败挫折。而光是有良好的品质，不具备足以匹配的能力，无论如何都无法击败挫折。

在面对挫折的时候，失败了不要紧，但如果是一败涂地的话，孩子有极大的可能承受不了，继而对他们的心灵造成伤害。就像我的孩子，这次长跑比赛共有10名同学参加，她曾预期自己最坏的名次是第六名，但结果却是最后一名。因为结果与她的预期相差很远，她才会无比自责，甚至意志消沉。

如果从一开始，我、孩子的老师和同学不对她抱有那么大的期望，她就不会有那么大的压力，或许结果会好很多，她也不会因此自责。

这件事告诉我们，我们可以赋予孩子很多美好的品质，但与此同时，也别强迫他"不自量力"。

03

我曾经看过一则有趣的故事：

有一只凶猛的老鹰从空中俯冲而下，利爪落在了一只小绵羊身上。一只寒鸦看到了这一幕，它一直认为自己比老鹰厉害，老鹰能做到的，它也一定能做到。于是，它模仿老鹰俯冲到绵羊身上。哪儿想到它的爪子被羊毛缠住了，怎么也拔不出来……

故事中的寒鸦因为自不量力而失去了自由。我们的孩子在面对挫折的时候，也需要量力而行。

父母如何做到不强迫孩子不自量力呢？父母要正确认知孩子的能力，并学会衡量挫折对于孩子来说的难易程度。

当局者迷，旁观者清。我们的孩子或许无法精准的认知自己的能力，但作为旁观者的父母是能够清楚知道孩子的能力。在对孩子的能力有一个清楚的认知后，接下来就要评估孩子遇到的挫折的难易程度。需要注意的是，挫折的难易程度要站在孩子的角度来衡量。当孩子的能力与挫折的难易程度不相上下时，那么可以鼓励孩子勇敢面对；当孩子的能力远远低于挫折的难易程度时，那么就要劝说孩子量力而行。

当然，不只是我们的父母要正确认知孩子的能力和衡量挫折的难易程度，我们的孩子也要对自己有一个准确的认知，对遇到的挫折也要有一个大致的评估。

人贵有自知之明，而失败也并不可怕。真正愚蠢的是没有打虎能力，却明知山有虎，偏向虎山行。承认失败，学会放弃，有时候也是一种优点。

第六章
强化孩子责任意识，让孩子独自扛起该扛的担子

提起孩子的责任感，可能很多父母觉得它距离孩子还很遥远。事实上，孩子做的很多事情中都能发现责任感的身影，比如孩子写作业拖拉、玩的玩具不放回原位、犯了错误总在别人身上找原因、遇到困难总希望他人能帮忙等，这些都是责任感的缺失。

责任感对孩子的未来有决定性的影响。父母需要从小培养孩子的责任感，让孩子独自承担起他肩膀上的担子。

孩子的担当，从培养他的家庭责任感开始

01

李宁是我的一个同事，她有个正在读小学的女儿，名叫豆豆。李宁每天中午都会将豆豆接来单位看管，下午上学前再送去学校。

豆豆是个外向的孩子，她像一只百灵鸟，叽叽喳喳和谁都能聊得来，一刻也停不下来。然而，最近一段时间，豆豆变得异常沉默，谁都不理。而我的同事李宁，这段时间看上去也异常憔悴。

细问之后才知道，李宁家最近遇到了困难。李宁的老公投资失败，急需一大笔钱填补窟窿。李宁不止掏出了所有的积蓄，还变卖了自己居住的房子，这才将窟窿堪堪补上。现如今一家三口租房住，这段时间乃至未来很长一段时间，经济上都将捉襟见肘。

日子虽然困难了点，但好在最大的困难已经克服过去了。李宁也坚信，

只要他们一家人齐心，日子一定会再次变好。但没想到的是，豆豆难以接受生活上翻天覆地的变化，更是为此吵闹，这让李宁十分的苦恼。

现在，豆豆正在和他们冷战。那么，豆豆为哪些事吵闹呢？比如她的零花钱。在没有投资失败之前，李宁的家庭经济条件非常好，每个月都会给豆豆零花钱，哪怕豆豆的零花钱已经够用了。不知不觉中，豆豆养成了花钱大手大脚的习惯。投资失败之后，李宁鲜少再给豆豆零花钱，豆豆伸手向李宁要钱时，李宁觉得豆豆的理由不合理，会果断拒绝。

又比如，豆豆很喜欢买新衣服，因为她是个从小就爱美的小姑娘。以往家庭经济条件宽裕时，李宁会主动给豆豆买很多漂亮的衣服，很乐于打扮豆豆。现在经济紧张了，已经很长时间没给豆豆买新衣服了。就在前两天，豆豆看到自己的同学穿了一件很漂亮的公主裙，她也很想要。当她向李宁提出自己也要买公主裙时，李宁拒绝了。不管豆豆怎么哭闹，或是用不上学来威胁李宁，李宁都没有妥协。

就这样，一桩桩的小事汇聚在一起，令李宁和豆豆之间的隔阂越来越大。

当我了解到事情经过后，我问李宁："你有严肃地告诉过孩子现今家庭的经济状况吗？"

李宁回答我说"没有"。她认为孩子年龄小，不应该和孩子详细地说家庭的经济状况。事实上，正是我们不向孩子郑重其事地说一说家庭的状况，才让孩子缺乏家庭责任感，更缺乏担当。

02

什么是担当？其实就是承担责任。当孩子缺乏担当，对其人生会有很大的影响，而这里的影响无疑是负面的。

比如会影响孩子的社交。在生活中，人们喜欢与有担当，有责任感的人交往，因为在这些人的身上能够散发出令人感到暖心的气息。相反，没有担当、缺乏责任感的人是自私自利的，身上散发出的气息是寒冷刺骨的，几乎没有人愿意与这样的人相处。仔细观察也会发现，每一个缺乏担当和缺乏责任感的人，其社交都极其糟糕，身边都是形只影单，甚至是惹人厌烦。

又比如会影响孩子的前途发展。有担当、有责任感的人会令人感到靠谱，不管是学习生涯，还是职场生涯，总会得到他人的看重，所以他们往往会获得更多的机会，而没有担当、缺乏责任感的人，总是与机会、机遇失之交臂。要知道，孩子人生中的每一个机会和机遇都会对其前途有决定性的影响。

小的时候孩子缺乏担当，那么就不能指望孩子长大后成为一个有担当的人。我们在了解到担当、责任感对孩子的重要性后，就要有意识地帮助孩子树立担当。对此，可以从培养孩子的家庭责任感开始。

担当是一种能力，是一种精神，更是一种品质，它始于人从小对担当耳濡目染。简而言之，就是我们的孩子生活在一个有担当的环境中，就可以成长为一个有担当的人。所以，培养孩子的家庭责任感，是建立孩子担当的第一步。

如何培养孩子的家庭责任感呢？我有这样几个建议：

第一，有担当的人，独立性都很强。我们锻炼孩子的独立能力，就能达到使孩子成为一个有担当的人的目的。那么在日常生活中，父母要学会控制自我，不要溺爱孩子，不要对孩子大包大揽，让孩子自己的事情自己做。随着孩子独立能力的提升，孩子的担当能力也在提升。

需要注意的是，光让孩子自己的事情自己做还不够，还要给孩子分配一些家务活。因为只让孩子做自己的事，长久以往，也会让孩子变得自私自利。而给孩子分配家务活，却能够让孩子真正地意识到家庭责任感，变得有担当。

第二，很多时候，孩子的家庭责任感取决于其对家庭的归属感。孩子的家庭归属感越重，家庭责任感就越强，也就越有担当。反之，孩子缺乏家庭归属感，也就缺乏家庭责任感，继而缺乏担当。所以，父母需要给孩子建立家庭归属感。

如何建立孩子的家庭归属感呢？我们可以让孩子参与家庭事务的决策，如果孩子的建议很不错，则可以听取；也可以试着让孩子当一天的家庭小主人。当孩子意识到自己在家庭中是不可缺少的角色后，就会主动地承担家庭责任。

孩子在家庭中呈现出来的责任感，以及建立起的担当，会影响到孩子的日常生活当中去，而这种有担当的品质也会伴随着孩子成长。

让孩子从小就知道，他要为自己的行为承担后果

01

我的家距离孩子学校很近，在孩子读小学高年级时，我就让她和班里的几个住在同一个小区的同学一起结伴回家。

小区外有一家精品店，里面有不少亮晶晶的工艺品。或许是小女孩们都喜欢亮闪闪的东西的缘故，我的孩子都会跟她的几个同学在放学后去精品屋看一番。不过很多时候，她们只过过眼瘾，并不会购买。

有一回，我在家等孩子回来。人没有等回来，倒是等来了她打来的一个电话。她在电话里急匆匆地让我带着她的储蓄罐去那家精品店，接着挂断了电话。我心里很疑惑，但还是按照孩子的要求，带着她存了好久的零钱去了精品店。

店里，孩子和她的几个同学都在，店铺老板的身旁还站着两个穿着初中

校服的孩子。而在结账柜台上，有一个碎成好几块的水晶工艺品。我走到孩子的身边后，问她怎么回事？孩子低着头，说她不小心将店里的一个工艺品打碎了。

店铺的老板则告诉我，我的孩子之所以会将工艺品打碎，是因为那两个中学生撞到了她。两个初中生听后，也连连说自己有责任，并表示愿意承担责任，赔偿一部分。

这时，我的孩子摇了摇说："妈妈，这件事不是别人的错。店铺的过道就那么大，人群来来往往都会有碰撞，还是因为我没有拿稳东西才摔到了地上。"

最终，我按照孩子的意愿，用她的零花钱赔给了店铺老板。回去的路上，我没有责怪孩子的不小心，我为孩子懂得为自己的行为买单而感到高兴和欣慰。

02

在现实中，没有人能够保证自己的所有行为都是万无一失的。事实上，有过失的行为并不可怕，可怕的是不懂得承担后果。因为对我们的孩子来说，不懂得为自己的行为承担后果，就是对自己人生的不负责任。

孩子的人生前景与孩子是否有责任感、是否懂得承担是息息相关的。因为人们欣赏、认同的永远是有责任感、懂得为自己的行为承担后果的人。你会发现，有责任感并愿意为自己的行为承担后果的人所获得的机会、机遇要远远比没有责任感、不懂得为自己行为承担后果的人多得多。所以，孩子懂得为自己的行为承担后果的认知是十分重要的。

怎样判断我们的孩子是否懂得为自己的行为承担后果呢？我们不妨对照一下，孩子是否有这样一些行为表现：

在生活中极其依赖他人。孩子总是像个施令者要求父母为自己做这个做那个；自己的事情总是希望别人帮自己完成等，这些依赖他人的行为能够清晰地反映出孩子不是个有担当的人。当孩子缺乏担当，就不懂得为自己的行为承担后果。

总是无意识的为自己的行为找借口。比如在做某件事情之前，会不断地挑出事情的难做之处，事情没有做好时，从不会在自己的身上寻找原因，而是找各种各样的借口为自己开脱，这其实是典型的不懂得为自己的行为承担后果的表现。

有做事拖拉、敷衍的习惯。比如老师布置的作业、父母要求孩子去做的事，孩子从不会立刻执行，而是拖到最后才完成。在完成的过程中，也敷衍了事。在初次拖拉、敷衍了事时，孩子可能会诚惶诚恐，一旦结果对他们来说不痛不痒，就会肆无忌惮地拖拉和敷衍，这显然是不负责任的行为。

但凡我们的孩子有这样一些表现，都可以确定孩子是缺乏担当，不懂得为自己的行为承担后果的体现。作为父母，我们有责任和义务培养孩子的担当能力，让他懂得为自己的行为负责、买单。

03

在我的孩子成长的过程中，我从不要求孩子万无一失，我只要求她懂得为自己的行为负责，承担自己行为之下的后果。

那么，我的孩子生来就懂得为自己的行为承担后果吗？当然不是。而是我从小对孩子引导的结果。

在我的孩子很小的时候，我是如何培养孩子懂得为自己的行为承担后果呢？

第一，孩子的一言一行都是受到父母的影响，在生活之中，我会向孩子展示我为自己的行为负责的一面。

比如有一回，我开车时不小心碰倒了一辆电瓶车，导致电瓶车倒地时摔断了后视镜。当时路上没有人看见，但我还是在路边静静等待电瓶车的车主，商谈赔偿的事宜。我之所以这么做，一来这是做人诚实、诚信的基本道德准则，二来我的孩子和我在一起，我需要以我为她的榜样，让她明白，每个人都要为自己的所作所为负责任的道理。

第二，当孩子做出不好的行为且孩子自己意识不到时，父母要及时帮助孩子纠正，告诉孩子哪里做得不对。同时，也要积极地引导孩子为自己的行为负责任。当孩子知道哪里做错了，知道了如何补救后，那么就能自然而然的承担自己的行为后果。

比如我第一次带孩子去公园的时候，孩子将擦汗用的纸巾和吃完的水果皮随意地丢弃在地上。这样的行为无疑是不文明的。我会明确地告诉孩子她的行为是错误的，并引导她为自己的行为负责，即捡起自己丢在地上的垃圾，并将其丢进垃圾桶。这个过程，不仅能帮助孩子树立正确的意识，还能使孩子勇敢地面对自己行为下的后果。

孩子就像是一张白纸，作为父母的我们在上面描绘什么，就会呈现出什么样的画作。我们想让孩子成为一个有责任感的人，就要从小教导孩子要为自己的行为负责。

允许孩子犯错，但不许孩子逃避责任

01

我的父亲是一个严肃的人，对我有很高的要求。不过，他并不要求我不能出错，相反，他允许我犯错，但是在我犯错后，他会要求我正视自己的错误，不能逃避责任。得益于他对我的教导，使得我从小就能勇敢地去尝试各种新鲜事物，因为我不害怕自己会出错，哪怕出错了，我也会为自己的错误负责。

我的父亲是如何引导我正视自己的错误并承担相应的责任呢？我说件发生在我幼年时期的往事。

小的时候，放学后我会去父亲工作的地方。我会一边写作业，一边等待父亲下班和他一起回家。在父亲的单位里，和我这样的孩子有好几个，并且和我年龄差不多大，所以每次写完作业，我都会和他们一块玩耍。

有一回，我和几个小伙伴玩"警察抓小偷"的游戏。一人当"警察"，其他人当"小偷"，我是"小偷"中的一员。眼看自己要被"警察"抓住，急忙躲进了一间办公室，"警察"也紧跟着我追了进来。办公室内有好几张办公桌，在"警察"抓捕我的时候，慌乱之下我踩上了办公桌，并在几张办公桌上来回地踩，使得每张办公桌上都是脚印。

后来，事情被父亲知道了。他并没有批评我，而是严厉地告诉我，我的行为是错误的。父亲带着我向办公室里的叔叔阿姨一一道歉，同时让我给这些叔叔阿姨擦一个星期的桌子，以表歉意。

时至今日我长大成人，在面对错误的时候，我能坦然正视，也努力承担相应的责任。我在教导孩子的时候，秉承了父亲教育我的理念，允许孩子犯错，但不许孩子逃避责任。所以孩子犯错之后，都会主动承担责任。

我举一个例子：

我的孩子小的时候很喜欢画画，在她7岁的时候，她的爸爸送了她一套水粉画具。孩子非常喜欢，每天都会画上几幅。她画得很好，每次画完后都为自己的画作感到自豪。或许是出于想要让更多的人欣赏她的画作的想法，她竟然在别人家门口的楼道里和电梯里画起了画。

在公众场所涂鸦的行为无疑是错误的。孩子在听到邻居们的抱怨后，也意识到自己做错了，并主动站出来承认了自己的错误。同时，她也勇敢地承担自己的错误，不逃避责任。她拿出了自己的零花钱，买来了油漆，在我们的帮助下，将她涂鸦的地方重新刷上了新油漆。

02

金无足赤，人无完人。每个人都会犯错，而且一生犯下的错误数不胜数。但是很多父母在教育孩子的时候，会要求孩子不准犯错。如果孩子犯错了，在严厉教训孩子的同时，还勒令孩子不准再犯。

一些父母为什么会要求孩子不许犯错呢？我分析了一下，无外乎以下几个原因：

首先父母是完美主义者。每一个完美主义者都视错误为瑕疵，有着完美主义思想的父母会严格要求自己不犯错，同时也容不下孩子犯下的错。所以完美主义的父母在孩子犯错上采取零容忍的教育手段。

其次是父母对孩子的期望太高。为人父母自然希望孩子成为一个优秀的人，拥有一个美好的未来。而父母对孩子有期望，这很正常，因为这份期望能使孩子蜕变成蝶。但是，一旦对孩子的期望过了头，就会成为禁锢孩子的枷锁，这类父母会放大孩子的错误，为了避免自己失望，避免孩子变得不优秀，会严格要求孩子，勒令孩子不去犯错。

然而，父母不允许孩子犯错，不仅不会让孩子变得优秀，反而给孩子带来了恶劣的影响，使得孩子成为一个糟糕的人。

比如，不允许孩子犯错会令孩子缺乏受挫力。从积极的角度看待孩子犯下的错，会发现每一次犯错都能起到磨炼孩子意志力的作用，达到提升孩子受挫力的目的。因为每一个错误，对孩子来说都是一个需要跨越的难题。孩子的受挫力，是在不断地面对难题、挫折中提升上来的，所以父母不允许孩子犯错，就是在剥夺孩子面对难题或挫折的机会。如此，孩子的受挫力就变差。

又比如会影响孩子的性格发展。当父母因为孩子犯错而无情地训斥孩子时，会令孩子内心感到难过、自卑，继而不自觉地否定自己或质疑自己的能力。渐渐的，孩子就会失去自信，性格变得敏感、孤僻。此外，父母不允许孩子犯错，其实是在变相地引导孩子成为完美主义者，那么孩子犯错之后，会陷入自责当中，甚至表现出偏激的一面。

可见，父母不允许孩子犯错是存在很多弊端的。

03

犯错是人之常情，作为父母的我们不妨扪心自问，在生活或职场中，是否也频频出现或大或小的错误呢？那么在你犯错后受到他人的批评和指责时，内心又是一番怎样的感受呢？所以我们需要换位思考，允许孩子去犯错。

允许孩子犯错，有利于孩子的身心健康发展，但有一点需要注意，就是在孩子犯错之后，要让孩子勇敢地面对问题，不许其逃避责任。因为只有先正视错误，孩子才能够知道自己为什么会犯错？又错在了哪里？该用何种方式去应对错误？而这样的犯错，对孩子来说是有益的，一来能够培养孩子的责任感，二来能够让孩子在错误中吸取教训，总结经验。

在孩子犯错时，如何引导孩子面对自己应该承担的责任呢？

第一，很多孩子在犯错后，会用哭闹的方式来逃避责任，这个时候父母不能心软对孩子妥协，因为一次妥协会使孩子越发丢失责任感。父母应该要态度坚决地告诉孩子犯错之后要承担相应责任，并督促孩子去执行。这不仅能够使孩子不再犯同样的错误，而且还能使孩子明白"犯了错要承担责任"的道理。

第二，在生活中，当孩子犯错了，不要采取极端的教育方式，比如对孩子打骂、冷暴力等，这么做并不能令孩子真正意识到自己的错误，更遑论错在哪儿，他的认错只是迫于对父母的恐惧，关注的重点也落在了如何平息父母的怒火之上，而不是如何去应对、承担错误。

因此，在孩子犯错时，父母要保持理智，理性去看待孩子的过错。当孩子真正认识到自己的错误后，他才会去坦然面对应当承担的责任。

孩子是在错误中成长的，而勇敢地承担一次，就意味着孩子优秀了一分。所以允许孩子犯错，就是在给予孩子变优秀的机会。不过，前提是不许孩子逃避责任。

打骂惩罚，会让孩子不敢去承担责任

01

很多父母会抱怨，自己的孩子在犯错后不敢去承认错误、承担责任。我们在抱怨之前应该要先检讨一下自己，在孩子犯错之后，是否用打骂的方式来惩罚孩子了？将打骂列为孩子犯错后的惩罚，只会让孩子不敢去承担责任，这一点我深有体会。

在孩子4岁那年，某个周末的中午，我在厨房为孩子准备午餐。想起电脑没有关机，我便像往常一样，让正在看动画片的孩子帮我关一下电脑，孩子也欣然答应。

我工作的时候，孩子总喜欢围在我的身边。因为我工作时要用到笔记本电脑，所以她会好奇地问我电脑键盘上的按键是什么意思。在我的介绍下，她很小就知道了怎么开关电脑了。

以往孩子帮我关机后都会跟我说一声。但是这一次，她进书房后，迟迟没有向我汇报。我从厨房朝着客厅瞥了一眼，她也没有去看动画片。我不禁放下手中的事，去书房看一下什么情况。

孩子坐在椅子上，桌上放着没有完全合起来的笔记本电脑。我问孩子："电脑关机了吗？"她跟我说关了。我又好奇地问她："既然关了，怎么还坐在椅子上？"她的神色惶恐，最终支支吾吾地告诉我，她弄坏了电脑。

我走近桌子，将电脑打开一看，电脑的屏幕都碎了。而碎裂的原因是电脑的键盘上放着电脑电源的插头，孩子没有将插头拿到一边，就直接合上了电脑，这才让插头顶碎了屏幕。当时的我并没有理智地去想孩子弄碎电脑屏幕的原因，满脑子都是电脑里有很多重要的资料，万一资料丢失了该怎么办？

在焦虑情绪的影响下，我对孩子发了很大的火，狠狠地骂了她一顿。而我这次对孩子的责骂，直接导致了孩子不敢去承担责任。

我记得那天，我在书房工作，孩子在客厅里玩耍。忽然，客厅传来"啪嗒"一声，我出去一看，发现摆在茶几上的花盆摔到地上。花盆摔碎使得泥土洒落的到处都是，一片狼藉。

我问孩子："花盆怎么摔碎了？"孩子手里抱着小皮球，显得很拘束、紧张，她对我说是小猫窜到了茶几上，碰倒了花盆。但我更倾向于是孩子拍皮球时碰到了花盆。果然，在我回看家庭监控时发现的确是孩子拍球砸到了花盆。

我问孩子："为什么要说谎？为什么不敢承认错误？"孩子低着头小声对我说："我怕你打我、骂我。"

02

对孩子来说，犯错并不是一件完全的坏事，有时候反而是让孩子变得越来越好的契机。比如，犯错能够令孩子吸取教训，获得经验，以后不会再犯同样的错；犯错能够提升孩子的责任感，因为勇敢面对且承担错误的次数多了，责任感就提升上来了。

所以，我们在面对孩子犯错这件事上，应该要理性对待，只有冷静处理，才能用错误去成就孩子。但实际上，鲜少有父母能保证每一次都能理性地对待孩子犯下的错。然而，一旦我们对孩子做出过激的行为，就会致使孩子不敢再去面对犯下的错。

那么在面对孩子犯错时，父母的哪些行为属于过激呢？

首先是责骂孩子。这类父母在孩子犯错后，会说一些能对孩子的心灵造成伤害的话语，比如"你怎么那么笨""你真是一无是处"这类话语。当孩子听得多了，就会开始质疑自己是不是真的很差劲。为了逃避父母的责骂，孩子会不敢面对错误，会想方设法地逃避责任。

其次是动手打孩子。通常，父母会动手打孩子，一来是被孩子的错误气昏了头，用打孩子来发泄情绪，绝大多数这个行为是受情绪操控的；二来是希望以打孩子的方式让孩子长记性，让他不要再犯同样的错。不可否认，打孩子一顿确实能够令孩子对自己犯下的错误印象深刻，但与此同时也会造成孩子不敢面对错误的结果，因为孩子每次犯错时，会不自觉地认为承认错误会被揍一顿。

此外，父母对孩子冷嘲热讽，或是用冷暴力对待孩子，这些都会造成孩子不敢去面对错误。即使面对错误，重心也落在了对父母情绪的观察上，而不是错误之上。那么改正错误时，也是不走心的。

03

正如我先前所说，犯错并不是毫无可取之处的。所以在遇到孩子犯错时，决不能用打骂的方式惩罚孩子，否则就会适得其反。

对此，我有以下几点建议：

第一，在孩子犯错的时候，要学会控制自己的情绪。因为很多时候，我们都是在控制不住情绪的情况下打骂孩子的。所以，学会控制自己的情绪是每一位父母都需要学会的必备技能。那么，如何控制自己的情绪呢？

在孩子犯错的时候，我们要留意自己的情绪，如果发现自己的情绪急速上升时，可以先离开孩子，等情绪稳定下来后，再面对孩子犯下的错；我们也可以学着去转变自己的思想，换个角度去看待孩子犯下的错误。在孩子犯错的时候，不要刻意去放大孩子的错误，大可以往好的方面想一想，因为每一个错误都可以令孩子得到锻炼。当我们的思想转变了，情绪也变相地被控制住了。

第二，孩子犯错了，该惩罚的还是要惩罚，因为惩罚能够使孩子更深刻地认识到错误。但是，我们切勿用打骂的方式去惩罚孩子。

比如我的孩子，她在用皮球打碎花盆的事情中，犯下了双重错误，首先她打碎了花盆，其次她打碎花盆后不敢于承认。为了让她深刻地认识到错误，我惩罚她用自己的零花钱重新为家里购置一个花盆。

父母需要明白，孩子犯错后他们的内心是恐惧的，因为他们知道自己做错了事。如果父母对孩子非打即骂，则会加剧孩子的恐惧。当孩子不敢面对自己的错误时，那么这比犯下错误还可怕，比如会令孩子变得没担当、没责任感等。所以，在孩子犯错时，一定要警惕自己对孩子的打骂行为。

教孩子做事有始有终，让孩子对自己负责到底

01

某天下班，我乘坐电梯回家。猛然发现，以往干净整洁的电梯内，有一面墙壁被人用粉笔画上了涂鸦了。从画的技巧和内容来看，是小朋友的杰作。接下来的几天，电梯内的其他三面墙也都被画得乱七八糟。

有邻居向物业反映了这一情况。物业派人清理了电梯，但是隔天又被画满了。为了找到罪魁祸首，物业的工作人员调取了电梯监控，找到乱涂乱画的小朋友，并向其家长反映了这一情况。

我以为小朋友的家长仅仅会教导孩子不要再画，哪儿想到我隔天乘坐电梯的时候，看到了这位小朋友的妈妈正带着小朋友清理电梯。小朋友每看到一位邻居，都会说声"对不起"，然后说自己犯下的错，并保证以后不会再乱画。之后在家长的指导下，将电梯墙面清理干净了。

让我意想不到的是，小朋友还承包了电梯一个星期的清洁工作。当有人打趣地问小朋友还在不在电梯里乱涂乱画了？小朋友的头立马摇得跟拨浪鼓一样。之后，他也的确没再电梯里乱涂乱画了。

我还遇到过跟这件事过程相似，结果却截然不同的事。事情是这样的：

小区内有一片供孩子玩耍的游乐场，游乐场内有一个滑梯。孩子们每天放学后都会去滑梯那玩上一会儿。

有天，几个孩子玩得好好的，突然有个孩子特立独行，非用脚踩在滑梯上滑行，使得滑梯上尽是脚印。当时，其他几个孩子很气愤，向弄脏滑梯的孩子的妈妈打了小报告。这位妈妈知道孩子犯错后，她批评了孩子，而孩子也说自己知道错了。但是，这位妈妈并没有让孩子去擦干净滑梯上的脚印，而是自己擦干净。

后来，这个孩子依然用脚踩滑梯。很显然，他并没有深刻地认识到自己犯错的行为，而他对他妈妈说的"我知道错了"也仅仅是暂时的。

02

在上述两个事例中，两个孩子都犯了错。两位妈妈在面对孩子犯错的行为时，并没有去包庇孩子，而是批评孩子的行为，让他们认识到自己的错误。不同的是，前者让孩子自己去承担错误，后者是自己替孩子承担错误。

最终的结果是自己承担错误的孩子真的没有再犯同一个错，而没有自己承担错误的孩子隔了一段时间又犯下相同的错误。

那么，为什么两个孩子在错误的纠正上有如此之大的悬殊呢？这是因为第一位妈妈让孩子在错误上做到有始有终，第二位妈妈让孩子在错误上有始无终。

之前我说过，孩子的成长离不开犯各种各样的错误，因为通过对错误的认知、纠正等，才能建立起孩子对外界的认知。所以孩子犯错并不是一件可怕的事。相反，利用好孩子犯下的错，还能使孩子变得优秀。但前提是我们在孩子犯错后，要帮助孩子彻底地认识到自己的错误。如何彻底认识到错误呢？就是要对错误做到有始有终。

我举一个很简单的例子：一道数学题做错了，只有知道错在哪儿，并进行改正，彻底吃透这道错题，那么下次遇到相同类型的题目时，才不会出错，而这样一个过程是有始有终。同样的，在孩子犯下错误后，我们在引导孩子明白错在哪儿和该怎么做外，还要督促孩子用行动去纠正错误。这样一个有始有终的过程，才能让孩子深刻认识到自己的错误，懂得为自己的错误负责到底的道理。

03

做事有始有终是一个非常好的习惯，这个习惯能够直接体现出一个人的责任感。所以，生活中做事有始有终的人，总能受到他人重用，得到许多的机会。我们想要培养孩子的责任感，就要先培养孩子做事有始有终的好习惯。

怎么教孩子做事有始有终呢？我有这样几个建议：

第一，俗话说"习惯成自然"，所以任何一个习惯的形成都始于一个重复的过程。因此，在日常生活中，我们要给孩子事情做，并督促孩子做事情时要做到有始有终。

我的孩子小的时候有很长一段时间做事情都有头没尾，比如让她擦桌子，她总是将桌子擦干净后，抹布不知道送回去；让她整理自己的玩具，她总是将玩具一股脑儿放进收纳盒里，不知道要分类放好等。

为了让孩子做事有始有终，每次她做这些事情时，我都会盯着她做完整个流程。渐渐地，她在做这些事情时，不用我提醒，她也能做到有始有终了。当孩子有了这个习惯后，她在做其他事情时也会极具责任感。

第二，很多时候孩子做不到有始有终与父母有很大的关系，比如父母对孩子过于溺爱，见孩子在做某件事情时表现得很辛苦，就会将事情揽过来；父母嫌弃孩子事情做不好，就干脆替孩子做。这些都会使孩子做事不能有始有终。

因此，父母需要控制住自己，不管孩子做事时结果如何，都不能中途揽过来。在这里需要注意一点，如果孩子没有将事情做好，我们可以给孩子提建议，引导孩子如何去做，但最终行动的必须是孩子自己。

做事情有始有终是一种责任，也是一种诚信，当孩子拥有了这种美好的品德，他在成长的路上将无往而不利。

懂得管理时间的孩子，都具有责任感

01

有段时间，某电视台策划了一个非常火爆的综艺节目，内容大概就是邀请一些明星父亲，让他们带着孩子去旅行，看看在没有妈妈的情况下，这些父亲会如何跟自己的孩子相处。

其中有一期节目让我印象十分深刻。当时，一位明星爸爸正带着儿子按照节目组的要求去做某项任务，这位明星爸爸比较粗心，自己一个人大步往前走，很快儿子就被甩在了后面。

大概是因为有工作人员的陪同，眼看爸爸越走越远，儿子倒也不慌，依然按照自己的节奏一步一步慢悠悠地往前走。这时候，爸爸一回头发现儿子不在身后，找了半天才发现儿子居然还在后面慢悠悠地迈着小短腿。明星爸爸气急之下，大声冲着儿子吼了一声："Hurry up（快一点）！"

从节目中可以看出，这位明星爸爸很显然是因为觉得儿子太拖沓、磨蹭，才冲他发火。但观看节目的观众其实都能看出来，虽然儿子走得很慢，但他并没有因为别的事情而耽搁，而是一直努力跟在爸爸后面。

节目播出后，这位明星爸爸还被妻子在微博上开玩笑地点名批评了，妻子不由得为儿子叫屈，表示因为自己平时总是会跟儿子说，走路的时候要慢一点，以免摔倒，所以儿子才会走得这么慢，谁知居然因为这样就被急性子的爸爸骂了。

02

在生活中，常常都能听到不少家长抱怨，说自己的孩子没有时间观念，做事总是磨磨蹭蹭，怎么催促都没有用。确实，遇上这样的状况，尤其是在赶时间的时候，真的很令人抓狂。一开始，或许家长们还能心平气和地和孩子讲道理，但长此以往，恐怕再好的脾气也很难忍住不发火。

但要解决这个问题，光靠发火是没有用的，当我们因为孩子磨蹭而发火的时候，孩子往往是不会因为我们发火就"提速"的，反而因为我们越催促，孩子越慢。

要知道，一切事情的发生必然都有其原因，孩子的拖沓、磨蹭也是如此，我们必须先弄清楚，孩子究竟为什么会拖沓、磨蹭，这样才能真正从源头上解决这个问题。

通常来说，造成孩子拖沓、磨蹭的原因有两个：一是孩子能力有限，没有办法达到家长要求的速度，比如综艺节目中儿子跟不上爸爸的步伐；二是孩子缺乏时间观念，不明白为什么一定要快一点，也意识不到自己的做事节奏有什么问题。

我们只有先弄清楚孩子拖沓、磨蹭的原因，才能对症下药，从根源上解决这个问题。这也是教育孩子最正确且有效的方式。

03

那么，针对孩子不同情况引起的拖沓问题，我们具体应该怎么办呢？

第一，不催促，不替办，多给孩子一些时间。如果孩子的拖沓是因为做事情不熟练而导致的，并非主观意愿上的拖延，那么家长就应该多拿出一些耐性，多给孩子一些时间。没有任何事情是我们生来就会做的，当孩子付诸努力去做一件事的时候，家长应该给予孩子足够的尊重和肯定。

在现实生活中，总有一些家长因为缺乏耐性，所以在看到孩子做一件事却怎么也做不好时，总是会忍不住上前去帮孩子把事情做完。殊不知，这样做确实可以短暂地节约时间，但却可能会对孩子专注力的形成造成不良的影响。而且，如果父母不给孩子机会去"练习"一件事，那么孩子就永远不可能把这件事做好。更重要的是，久而久之还可能让孩子形成一种惰性，一旦遇到困难的事情，就指望父母来"替办"，自己却不愿做任何努力。

所以，如果我们发现孩子拖沓、磨蹭是客观能力所导致的，那么就请耐下性子，多给孩子一些时间吧，成长本就不是一个快捷方式，陪着孩子按照他们的步伐去成长，这才是父母给孩子最好的陪伴。

第二，加强孩子对时间的认知，提高孩子的自律性。时间观念并不是一种我们天生就具备的认知，而是我们在成长过程中，通过认知周围环境后，一点点慢慢形成的。

儿童发展心理学认为，孩子大约在2岁半之后，才会开始对时间产生模糊的意识，直到7岁之后，很多孩子才会慢慢产生一点时间概念。因此，对于很多年幼的孩子来说，出现拖沓、磨蹭的行为是非常正常的，家长不应过分苛责。

当然，虽然说孩子要到7岁左右才会产生时间概念，但并不意味着他们不懂什么是时间。因此，为了加强孩子对时间的认知，提高孩子的自律性，家长其实是可以通过一些训练来帮助孩子建立时间观念的。

比如我们可以通过做计划的方式，来把孩子做每一件事的时间进行量化，让孩子能更真切地感受到时间的流逝。久而久之，孩子就会自觉形成一种时间概念，对时间的认知也会和生活中实实在在的事情挂钩，而不仅仅只把时间当作是一个虚的概念。

第三，一次只下达一个指令，清楚地告诉孩子应该做什么。有时候，孩子之所以会出现拖沓、磨蹭的情况，很可能是因为他们缺乏明确的目的性，不知道自己应该做什么。

比如很多家长在赶时间的时候，可能会一口气给孩子下达多个指令：自己穿衣服、准备吃早餐、把书包收拾好……这样一来，孩子可能会产生混乱，不知道自己到底应该先做什么，一纠结、一犹豫，自然就出现了拖沓、磨蹭的现象。

所以，当我们试图指挥孩子做事情的时候，一定要记住，一次只下达一个指令，清楚明白地告诉孩子，现在他应该去做什么，等完成这个步骤之后，我们再下达下一个指令。

第七章
赋予孩子更多选择权，孩子必须拥有自己的主见

....

　　人生就像岔路口，会面临无数次的选择。而孩子的人生很漫长，父母不可能替孩子做一辈子的决定。等没有了父母帮忙做选择的时候，孩子就会陷入六神无主中，而没有想法和主见的人是可悲的。所以，我们要赋予孩子更多的选择权，让他们拥有主见。

....

全凭爸妈做主，这种孩子活得辛苦

01

从我孩子出生的那一刻起，我与很多父母一样，对孩子有很高的期望。所以，为了让她成为一个优秀的人，拥有一个美好的未来，我总是在不知不觉中为她做决定，而这些决定其实有很多都违背了孩子的意愿。

我举几个例子：

我的孩子小的时候非常可爱，每个看到她的人，都会对她释放出喜爱之情。只要他们手上有糖果都会给她一些。孩子每每遇到别人给她糖果时，都忍不住想要拿。但是，我总是会制止孩子去拿，并告诉她要经过我的同意才可以拿。

有小朋友来家里做客时，当其他小朋友想玩孩子最喜欢的玩具时，孩子表现得很抗拒，但我还是会要求孩子让给其他小朋友玩。

在为孩子选择要读的幼儿园时，孩子跟我说，她想和她最好的朋友读同一所幼儿园。对此，我是欣然同意的。但是，当我了解到孩子的小伙伴选择的学校并不符合我心中的标准时，我毫不犹豫地拒绝了孩子的要求，替她决定好了要读的幼儿园。

诸如这般我替孩子做决定的事情有很多，渐渐地，孩子在面对选择的时候，会不由自主地将目光投注到我的身上，即使我让孩子自己决定，她也会推脱说让我做主。当我意识到孩子丧失了主见后，我发现她的生活变得异常辛苦。

比如，我很热衷于打扮孩子，每天都会给她搭配好要穿的衣服。最初的时候，孩子有自己的穿搭想法，但是因为她的穿搭不符合我的审美，我总是毫不犹豫地否决了她。有一回，我因为工作忙，没有给她准备当天要穿的衣服。孩子起床后问我要穿什么衣服时，我让她自己去衣柜里挑一套穿上。孩子听话地回了自己的卧室，但是等我忙完工作去她的卧室找她时，她依然穿着睡衣，纠结着选择要穿什么。

又比如，孩子日渐长大后，我将送她去兴趣班的计划提上了日程。我问孩子想要学习哪个兴趣时，她对我说"随便"，让我来做决定。这就导致我每说一个兴趣班，她都愿意去学。最后忙得像个陀螺一样。

由此可见，孩子全凭爸妈做主，就会丧失主见。当孩子缺乏了主见，会发现生活是一座压在她肩头的巨山，让她辛苦地喘不过气。

02

什么是主见？它是指人对事物的见解。而但凡有主见的人，都具备了独立思考的能力。不只是对我们的孩子，对任何人来说，拥有主见都非常重要。因为有主见的人能将生活过得轻松惬意，而缺乏主见的人则会将生活过得犹如一潭死水，人也疲惫不已。

那么，怎样判断我们的孩子是否有主见呢？如果孩子没有独立思考的习惯，那就说明他是缺乏主见的。

因为，主见就是想法，任何一个想法都是在思考的过程中诞生的。所以，爱独立思考的孩子有主见，而不爱独立思考的孩子缺乏主见。此外，独立思考的频率越高，就越有主见，独立思考的频率越低，就越没有主见。

如果孩子总是将"你觉得呢""你认为呢"这样的话语挂在嘴边，也能说明缺乏主见。"主见"是一种果断，比如在遇到事情时，能够快准狠地说出自己的处理方法。而"你觉得""你认为"这样的话语，能够直接反映出孩子内心的犹豫不决或没有主张。

此外，孩子的依赖性过强，也能反映出其缺乏主见。比如当孩子遇事时，总想依赖他人帮忙，依赖他人做决定。

当孩子缺乏主见，会给他们带来诸多不利的影响：比如会令我们的孩子没有决断力，即遇到问题的时候会犹豫不决、优柔寡断。可以预见，缺乏决断力会令孩子不受重用，丧失很多的机会，因为没有人会将重要的事情交到优柔寡断的人手中。

又比如会令孩子丧失自信心。父母长期帮孩子做决定，或是驳斥孩子的想法，会让孩子质疑自己是不是真的很差劲。长此以往，孩子就会失去自信。自信心的缺乏，又会致使孩子的性格变得孤僻、内向。

最重要的是，缺乏主见会令孩子的生活一团乱。因为，生活中的每一件事都是需要做选择、拿决定的，小到买哪个品牌的油盐酱醋，大到职业的选择和规划等。做不出明确的选择和决定，只会让生活一团糟，而置身于生活之中的孩子，也会活得疲惫、辛苦。

03

孩子是否有主见，很大程度在于我们是否给孩子表达主见的机会。故而，孩子缺乏主见是因为鲜少有表达主见的机会。

我接触过很多的孩子，其中不乏缺乏主见的孩子。而这些孩子缺乏主见的主要原因，在于他们的父母掌控欲过强。这股掌控欲不是建立在对孩子的溺爱之上，就是建立在对孩子过于严厉之上。

父母溺爱孩子，会将孩子的事情大包大揽，以至于让孩子丧失独立思考、表达自己想法的机会；而过于严厉地对待孩子，会时刻否决孩子的想法，这比剥夺孩子表达想法的机会还要残酷，因为这种做法会使孩子丧失自信。

父母需要明白，孩子的大脑就像齿轮，越是转动，才越灵活。所以，为了不让孩子未来的生活异常辛苦，一定要给予孩子选择权，不能再全凭爸妈做主。

对此，我有几点建议给各位家长：

第一，我们需要反思自己是否是一位掌控欲强的父母，只有察觉到自己对孩子的掌控欲，才能去控制这股欲望，以此达到给孩子独立思考、发表主见的目的。

通常，掌控欲是不好察觉的，因为它总是披着一层名为"为孩子好"的外衣。因此父母需要反思自己与孩子相处时的言行，比如时常将"不行""不好"这类的否定词，以及将"我是为了你好"这样的话语挂在嘴边，那么可以断定这样的父母掌控欲是很强的。

第二，父母替孩子做主的行为很多时候是自然而然发生的，等意识到后，已经为时已晚。故而，在与孩子相处时，父母要留意孩子的言行，学会做一名倾听者。比如在孩子的事情上，可以多让孩子发言，如果孩子的话可取，就能采取。而父母的采取能够刺激孩子发表想法的积极性，令孩子逐渐成长为一个有想法的人。

孩子的一生有很长，而父母仅仅是孩子人生路上的一名过客。这意味着父母不能一辈子帮孩子做主。所以，不想孩子未来生活的辛苦，就要给孩子做主的机会。

请尊重孩子"自己选"的强烈愿望

01

米雅是我朋友的孩子，是个混血小女孩。再过不久，就要过6岁生日了。某个周末，米雅妈妈约我带着孩子去蛋糕店挑选蛋糕、购买生日当天米雅要穿的新衣服。

两个孩子一听要去挑选蛋糕，不禁兴奋起来，她们在路上就讨论起喜欢的生日蛋糕的款式。米雅虽然是个小女孩，但是她并不喜欢公主风，反倒是喜爱男孩子感兴趣的事物，比如恐龙、超人等。最近米雅迷上了蜘蛛侠，所以她非常想要一个蜘蛛侠造型的蛋糕。

到了蛋糕店，米雅真的看中了一款蜘蛛侠造型的蛋糕。当她对妈妈说出自己的选择时，米雅妈妈眉头紧皱，毫不犹豫地拒绝了她，她帮米雅选择了一款蓝色公主风的蛋糕。当时，米雅对她妈妈表达了自己的不喜欢，但依然没能改变妈妈的想法。

从蛋糕店出来后，米雅没了兴致，嘟起仿佛能挂油瓶的小嘴，宣告着她内心的不悦。直到抵达服装店后，她才打起点精神。

因为米雅对生日当天穿的新衣服很有想法，她想选择酷酷的衣服。但是米雅妈妈很不认同，她觉得小女孩在生日当天就应该穿着公主裙，当一个漂漂亮亮的小公主、小淑女。所以，她帮米雅选的都是公主裙。

每当米雅拿着自己喜欢的酷酷的衣服给妈妈看时，米雅妈妈都会摇头，并说"不好看"。这使得米雅不禁来了情绪，比如米雅妈妈挑选好小裙子问她喜不喜欢时，她会用沉默来表达自己的不喜欢；米雅妈妈让她试一试时，她会杵着不动。尽管米雅的不喜欢表现得如此明显，但米雅妈妈依然没有妥协，还是给米雅选择了公主裙。

等离开服装店后，米雅很生气地质问她的妈妈："到底是你过生日，还是我过生日？为什么我过生日就不能选择我喜欢的蛋糕和衣服呢？"米雅妈妈则以"米雅年龄小、审美不好"这个理由回答了她。

很快，米雅的生日到了。那天米雅穿着公主裙，被打扮得漂漂亮亮。但是米雅的脸上没有一丝过生日的快乐。很显然这个生日她并不期待。

对孩子来说，每年他们最期待的事情之一就是自己的生日。只是米雅为什么不期待她的生日呢？因为在这个生日中，她的种种选择都被妈妈毫不犹豫地拒绝了。然而，作为父母的我们每年为孩子过生日的目的是什么呢？其实就是为了让孩子开心。可见，不尊重孩子的选择将怎么都达不到让孩子开心的目的。

02

很多父母应该都遇到过这样一幕：公司组织外出旅游，领导问了其他同事想去哪儿，偏偏没有问你；朋友们外出聚餐时，请客的朋友问了其他朋友喜欢吃什么，唯独没有问你。即使他们不是故意遗忘询问你，但这个时候，我们的内心还是会涌出一种强烈的、不被尊重的感受。

这股不尊重，源于他人没有给予我们选择的机会，或者是我们明明做出了不错的选择，但没有被采纳。成年人尚且有这样的感受，更何况是我们的孩子呢！所以，我们不给予孩子选择权，会使孩子感觉自己不被尊重。同时，孩子也会感到伤心难过，因为不尊重他们的，是他们最为亲近的父母。

那么，父母为什么不尊重孩子的选择呢？那是因为父母自认为自己帮孩子做出的选择是为孩子好。

相对于孩子，父母的人生阅历和经验无疑要比孩子多得多，想法上也比孩子要成熟。所以，很多父母认为他们做出的选择能够帮助孩子少走很多弯路，是为了孩子好。但事实上，父母枉顾孩子的选择直接帮孩子做出种种决定，真的有对孩子好吗？答案是否定的。

因为一个好的选择是基于人生经验之上的，孩子因为生活被父母安排的井井有条，注定鲜少收获人生经验，而孩子的人生又很漫长，父母能够帮他们做一时的决定，但不能帮他们做一辈子的决定。等到他们独自做决定时，自然不能做出对自己的利益最大化的选择。可见，父母不尊重孩子自己选的强烈愿望，本身是对孩子的一种伤害。

话说回来，孩子的选择真的有那么糟糕吗？其实未必。当我们试着尊重孩子的选择，会发现他的选择也会给人带来意外的惊喜。

03

孩子的每一次选择，都能帮助其成长。作为父母，我们应该尊重孩子自己选的强烈愿望。那么如何尊重孩子的选择呢？我有以下几个建议：

第一，父母不尊重孩子的选择，是因为没有将孩子当作一个独立的个体，而是将孩子当作了自己的私有物。故而在面对孩子的选择时，会毫不犹豫地拒绝。父母要学会尊重孩子，将孩子放在与自己平等的位置上。那么在与孩子相处时，可以试着以"朋友"的身份与孩子相处，去耐心聆听孩子的想法。

第二，很多时候，父母不给孩子选择的机会，是因为担心孩子做出的选择对自己不利或无益。事实上，不管是好的选择还是不好的选择，能让孩子有所收获。就比如不好的选择，哪怕结果不好，但也能让孩子总结教训、收获经验。

父母需要明白，任何事物都存在两面性，在面对孩子的选择上，我们需要换个思维去看待，学会用欣赏的眼光去看待孩子的选择。

有一点需要注意，虽然我们要试着去尊重孩子自己选的强烈愿望，但前提是，孩子能够承受得住自己选择带来的后果。一旦孩子承受不了自己选择的后果，那么作为父母的我们，要斟酌是否要尊重孩子的选择。

关于家庭事务，小孩应有"发言权"

01

我记得小的时候，父母很忙，每当他们没有时间照顾我时，就会将我送去奶奶家。奶奶是个很和蔼的人，对我特别好，夏天的时候，她会在我玩耍的时候用蒲扇给我扇风，在我睡觉的时候帮我赶蚊子；冬天的时候，总会将焐热的床铺让给我睡。所以，我和奶奶的感情一直非常好。

有一年冬天，奶奶不小心在院里滑倒了，腿受了伤。在医院治疗了几天后，回家卧床休养。我的父母开了一个家庭会议：谁来照顾行动不便的奶奶？

父亲说他哪天哪天有时间，母亲说她哪天哪天休息。但是，两人满打满算，也做不到每天都留人在家照顾奶奶。父亲叹了口气，说请一个阿姨回家照顾奶奶。我当时就很疑惑，已经上小学的我为什么没有被父亲和母亲纳入照顾奶奶的行列？所以我当时问我的父亲："我可不可以照顾奶奶？"

我清楚地记得，我父母当时的表情很惊讶。很显然，他们并不认为我能起到为家庭分忧的作用。

父亲皱着眉头对我说："你每天都要上学，哪有时间照顾奶奶？"

母亲也随声附和："你不添乱就行了。"

我当时很不服气："我也是这个家的一分子，为什么我没有发言权？为什么我不能参与家庭事务？"

后来，父亲母亲见我坚持，便安排我在放学后和周末的时候照顾奶奶。

这件事令我印象深刻，现在回想起来，我依然能体会到父母不给我家庭事务发言权时的郁闷、难过。以至于当我有了孩子后，我格外看重孩子的发言权。所以每次开家庭会议时，我都会鼓励孩子积极发言，让她参与家庭事务当中。我发现，多给孩子发言权，能够收获许多意想不到的结果。

比如有一回，我与先生带着孩子回老家。那个时候，地里的玉米成熟了，便打算帮家里老人收完玉米再回去。我的先生琢磨着怎么说服孩子跟着我们一起去田间劳作。我觉得将发言权交由孩子，比我们所有语言都要有说服力。

所以，当我问孩子她对家庭人员分工的建议时，她立马来了兴致，眼睛里透露着晶亮的光芒，她说："爸爸妈妈一组，我和爷爷一组，奶奶留在家里做饭。我们可以分组比赛，看谁掰的玉米多，掰的少的一组要给掰的多的一组奖励。"就这样，孩子主动且积极地投入掰玉米的大赛中，体验了一番劳作的艰辛。

02

孩子作为家庭的一分子，在家庭事务上是有发言权的。但是，作为父母的我们，为什么总是剥夺孩子的发言权呢？

我分析了一下，无外乎是这样几个原因：

首先是父母认为，孩子无法为家庭分忧。因为在父母眼中，孩子的年龄小，各方面能力都很弱，帮不上什么忙。所以，就直接忽视了孩子的发言。但实际上，我们的孩子大忙或许帮不上，但小忙却是可以帮上的。就比如小时候的我，在奶奶卧床休养期间，我给她递水送饭、在她床前说些趣事，这些事情虽然微不足道，但确实也算帮到了忙。

其次是父母不希望孩子为家庭琐事而烦恼，故而不给孩子发言权。比如父母很宠爱孩子，就会将孩子照顾的无微不至；父母希望孩子将精力放在学习上，不要为家庭事务而困扰等。这些都是在剥夺孩子的发言权，不让孩子参与家庭事务。

然而，不让孩子参与家庭事务，不给孩子应有的发言权，会给孩子带来许多不利的影响，比如会令孩子失去主见。我们需要明白，让孩子在家庭事务上发言，会给孩子一个独立思考的过程。孩子独立思考的越多，就会越有想法和主见。相反，不让孩子在家庭事务上发言，就是在剥夺孩子独立思考的机会。当孩子失去独立思考的能力，就会变得没有主见。更为重要的是，缺乏主见又会给孩子带来其他一系列的恶劣影响。

又比如会令孩子缺乏家庭归属感。只有当孩子把自己当作家庭的一分子了，才会产生家庭归属感，而这股家庭归属感又会使孩子在出现家庭危机时，与父母共进退。父母在家庭事务上不让孩子发言，无异于是将孩子排除在家庭之外，如此又怎么令孩子产生家庭归属感呢！

此外，还会令孩子缺乏责任感。因为，让孩子参与家庭事务，能够使孩子意识到自己对家庭的责任感，这份责任感会随着对家庭事务的参与次数、发言次数而增多。反之，剥夺孩子的发言权，就是在逼迫孩子对家庭事务漠不关心，渐渐地，责任感就会缺失。当孩子缺乏了责任感，那么将很难在社会上立足。

03

作为父母，我们需要明白，孩子年龄小、能力弱并不是我们剥夺其参与家庭事务发言权的理由。因为，再小的孩子，他在家庭事务中也有力所能及的时候。那么，如何做到给予孩子应有的"发言权"呢？

第一，只有父母先认同孩子是家庭的一分子，才会自然而然给予孩子关于家庭事务的发言权。那么在平常的时候，可以多让孩子参与家务劳动。因为，当我们看到孩子能够将家务做得有条不紊时，会觉得孩子有点用。那么在商讨家庭事务时，会不由自主地听一听孩子的想法与建议。

第二，在我看来，父母不给孩子发言权，其实是对孩子的一种不尊重。所以，每一位父母要学会尊重孩子，而尊重孩子的方式之一就是倾听孩子的话语。那么，在家庭事务上，在孩子发言的机会的同时，也要细细倾听孩子说了什么。要知道，对孩子来说父母认真倾听的态度，是他们独立思考的动力。

在一个家庭中，好的想法是集思广益的结果。所以，给孩子发言权，听一听孩子的想法，对父母来说是没有任何坏处的。孩子的想法很好，我们欣然采纳，孩子的想法不好，可以鼓励孩子再想一想。这对作为父母的我们，以及我们的孩子来说，都是百利而无一害的。

别把你的梦想，捆绑在孩子身上

01

每个人都有梦想，但是，并不是每一个梦想都能够实现的。而未曾实现的梦想，就成了我们人生中的遗憾，每每想起都不是滋味。不过，在有了孩子之后，不少父母往往会从孩子的身上重拾梦想。

曾几何时，我也将我的梦想捆绑在孩子身上。但是，当我看到孩子因为抗拒我的梦想而与我对着干时，我才意识到我的梦想仅仅是我的梦想，它并非是孩子的梦想。

小时候的我非常喜欢舞蹈，尤其是芭蕾舞，因为我觉得每个在舞台上踮起脚尖旋转着跳芭蕾舞的女孩们，就像是一只只美丽高贵的白天鹅。所以，我梦想着成为一名芭蕾舞演员。不过，我的这个梦想并没有实现，因为当时的家庭条件不允许我学习跳舞。等我长大后经济条件允许了，但身体条件却不允许了。后来，每每看到有人在舞台上跳舞，我的心头都会浮现一丝遗憾。

在我有了孩子后，随着她日渐长大，我曾经的梦想在不知不觉中又死灰复燃。我希望我的女儿能够成为一名芭蕾舞演员。所以，在她很小的时候，我就送她去学习芭蕾舞了。而她也很顺从我的决定。

在学习了长达两年的芭蕾舞后，我不得不面对我的孩子没有舞蹈天赋这个客观的事实。不过我并没有放弃，因为我怀抱着勤能补拙的心理，希望她能通过高频率地练习来完成完美的蜕变。所以，我每天都会督促她练习。

孩子的日渐成长，令她逐渐有了自己的兴趣爱好，她开始抗拒学习芭蕾舞。尽管她跟我说了很多次不想再学习芭蕾舞，想要学习她感兴趣的爱好，我都没有同意，依然让她按时去学习芭蕾舞，回家后多多练习。后来，孩子为了逃避学习芭蕾舞，用了很多与我对抗的"手段"。

比如有一次，我给孩子换好舞蹈服后便出了门。那天下着很大的雨，地面上有许多小水坑，孩子为了不去舞蹈学校，故意不遮伞，甚至是有意跌倒在小水坑里。又比如我让她在家里练习舞蹈，她总是借口说自己的身体不舒服，看到我摆上严肃的表情后，又立马用大哭大闹的方式来反抗。

在多次经历孩子与我对着干后，我不禁反思起来：我是不是错了？因为我想起我小时候，当父母将他们的梦想捆绑在我的身上时，我的内心是多么抗拒；当我儿时的梦想没有实现时，我的内心又充满了遗憾。换位思考一番，我将我的梦想捆绑在孩子的身上，并阻碍她去实现自己的梦想，这何尝不是对她的不公平呢！

我一直都很尊重孩子，但尊重的最直接的表现方式之一，就是给予孩子选择权，并尊重他们的选择。所以，在经过深思熟虑之后，我解开了束缚在孩子身上的梦想，去尊重她的选择。

02

每个人都是独立的，孩子虽然小，但也是个独立的个体。所以，他们有选择梦想、追逐梦想的权利。但是很多时候，孩子在自己的梦想上做不了主，因为父母剥夺了他们选择梦想的权利，并帮助他们设定好了理想。

那么，一些父母为什么会帮助孩子设定梦想呢？

一方面是父母自己的梦想没有实现，妄想让孩子继承自己的梦想；一方面是父母觉得孩子年龄小、阅历少，不能全面地看待问题，不知道哪些对他是最好的，所以打着为孩子好的旗帜，帮助孩子设定了理想。

但是我们帮孩子设定的理想，真的有为孩子好吗？答案是否定的。因为，父母帮助孩子设定理想会使孩子依赖性强、越发没有主见，或是孩子在被父母设定的理想压得喘不过气时，会变得偏激，用叛逆地言行去反抗。

可见，不在乎孩子的意愿，擅自将自己的理想捆绑在孩子身上，或是直接为孩子设定他们并不期待的梦想，是一种大错特错的做法。

著名诗人纪伯伦曾经写过一首名为《论孩子》的诗，诗中写道："你们的孩子，都不是你们的孩子，乃是'生命'为自己所渴望的儿女。他们是你们借来的，却不是从你们而来。他们虽和你们同在，却不属于你们。你们可以给他们爱，却不可以给他们思想，因为他们有自己的思想。你们可以荫庇他们的身体，却不能荫庇他们的灵魂，因为他们的灵魂，是住在'明日'的宅中，那是你们在梦中也不能相见的……"

纪伯伦的这首诗令我感触颇深，它讲述了为人父母之道，告诉了每一位父母，孩子是拥有独立的人格的，在与孩子相处时，必须要学会尊重孩子。所以在孩子的理想上，我们不能将自己的理想强压在孩子身上，应该要给予孩子选择权。

03

我比较欣赏黄磊老师与孩子相处的模式，他曾在接受采访时这样说道："我从来没有把我的女儿当作孩子，她是一个有思想的人。所以她有自己秘密和想法，也有着属于她自己的人生。我们之间是彼此独立的个体，我没有权力将我的意志强加在她的身上……"

黄磊老师在与孩子相处时，从不拘泥于"爸爸"这一固定的角色，他会根据孩子的需求在"老师""朋友"等多个角色中实时切换。所以，我们在他参加的亲子节目中会看到，他非常尊重孩子。在与孩子相处时，他总会先倾听孩子的想法，然后会给予孩子他的建议，最终会尊重孩子的选择。

可见，给予孩子选择权的前提是要懂得尊重孩子。学会尊重孩子，才不会将自己的梦想强加在孩子的身上，也不会枉顾孩子的意愿，为他们设定他们并不期待的梦想。

从一定程度上来说，梦想是人前进的动力，能够使人变得优秀。所以，我们的孩子必须要有梦想。在孩子的梦想上，我有几点建议给各位家长：

第一，当孩子对自己的梦想处在茫然状态时，父母可以帮助孩子找寻梦想。人的梦想并不是生来就有，它必然有一个触发点。比如孩子以成为一名舞蹈家为自己的梦想时，必然是接触了舞蹈，他可能是看了一场美轮美奂的舞蹈演出，也可能是尝试跳舞后获得了美妙的体验等。所以，在孩子还不能明确自己的梦想时，父母需要带领孩子去寻找那些触发点，使孩子明确自己的梦想。

第二，在孩子有了梦想后，父母要尊重孩子的梦想，支持孩子去追逐他们的梦想，在孩子追逐梦想的期间，不要忘了多给予孩子鼓励。因为，追逐梦想是一个持久的过程，有了父母的支持和鼓励，孩子才不会半途而废。

每个人都有属于自己的一生，我们的孩子也是如此，他们的一生该由他们自己掌控。作为父母的我们，不要妄想将自己的理想绑在孩子身上。因为这对孩子来说是不公平的，我们应该要给予孩子选择梦想的权利。

不要忽略孩子个性，把他管成你想要的样子

01

某个工作日的早上，我刚走进单位，就听见领导喊我去她办公室一下。当时，领导板着张脸，眉头紧紧皱起，我下意识觉得不妙，不禁检讨起自己的工作，看有没有疏忽的地方。因为我的这位领导向来都是微笑待人的。

进入办公室后，领导拉开抽屉拿出了两张票，她递给我说："这个我用不到了，周末的时候你带孩子去玩吧！"

我将票接到手里一看，原来是两张游乐场的门票。而这个游乐场我曾经带孩子去过几次，游乐场内的项目除了有常规的项目，比如过山车、海盗船、摩天轮外，还有许多极具冒险的项目，比如户外漂流、鬼屋、冲浪、蹦极等。

在领导对我说"用不到"时，我不禁疑惑，因为我的这位领导的孩子今年有10多岁了，名叫岩岩，是个小男孩，按理说这些项目他应该都很喜欢才

对，怎么会用不到呢？当我将我的疑惑说出来后，领导不禁叹了口气："岩岩的胆子小，这些项目他都很抗拒。"

说起来，我是看着岩岩长大的，因为岩岩时常会跟着他的妈妈来单位。在我的记忆里这个小男孩活泼调皮，一点也不怕生。小时候的他会将手抄在背后，假装自己是个领导在办公室里巡视；如果办公室里有其他的小朋友，他会像个领导者，将孩子们一股脑儿的带去篮球场和孩子们玩游戏。

在我看来，岩岩是怎么也不会与"胆小"沾边的，相反，他应该极具个性。那么，是什么原因使得这个孩子变得胆小、懦弱呢？我想是我的领导在与孩子相处时，言行上对孩子的压制造成的。我举几个例子：

有一次，领导和岩岩商讨上什么兴趣班，岩岩很喜欢溜冰、滑板这类带冒险性的项目。当他将他的选择说给妈妈听时，得到的却是妈妈的拒绝，而拒绝的理由是"太危险了"；又比如岩岩的学习安排，岩岩有给自己制定一份学习计划，但在他的妈妈看来，计划是很不科学的，于是没有跟孩子商量重新给他制定了一份。

不难看出，我的领导对孩子管制的初衷是好的，她期望自己的孩子能成为一个优秀的人。但是，她把孩子管成她想要的模样时，忽略了孩子个性的发展。最终，使得孩子变得胆小、懦弱。

02

在孩子还没出生的时候，作为父母的我们就在畅想孩子的未来是何模样了。有些父母会期望孩子成为一个优秀的人；有些父母则期望孩子平凡，只要健康快乐就好。

随着孩子日渐长大，父母对孩子的期望就会成为目标。受到目标的影响，在教育孩子的时候，父母会不自觉地将孩子按照自己期望的模样来培养。尤其是那些对孩子有着高期望的父母，会对孩子有着极高的要求，会让孩子按照他们规划的道路去走，最终将孩子培养成自己想要的模样。

那么，将孩子管成我们想要的模样，这样的孩子真的优秀吗？实则不然。

比如孩子会很没有主见。父母既然想将孩子培养成自己想要的模样，那么就会强制性地要求孩子按照自己的计划去走，同时就会忽视孩子的想法与选择。当孩子的想法和选择屡屡不被父母认同、采纳后，孩子就会失去发表主见的积极性。孩子的大脑就像机器，越是转动就越灵活，越是不转动就越迟钝。当孩子不再思考，渐渐地，就会变得很没有主见。

又比如会令孩子缺乏独立性。强势的父母不容许孩子人生中的每一个选择出现纰漏，所以他们往往会将孩子的生活安排的无微不至。这个过程会使孩子对父母产生极强的依赖性，失去独立性。

更为重要的是，把孩子管成父母想要的模样，会令孩子丧失个性，如同一具提线木偶。然而，个性是一个人的标签，有了个性，人才会显得鲜活，没有个性，则会令人觉得死气沉沉。

不管是主见或独立的缺失，还是个性的丧失，对孩子的未来都是不利的，而这也并非是我们期待的模样。所以，在孩子的成长过程中，我们不能忽视孩子的想法和选择，更不能忽视孩子的个性发展。

03

每个人的人生都是由自己主宰的，孩子的人生也该由他们自己主宰。

作为父母，我们在孩子的人生中，起到的是照明的作用，引导孩子不驶向黑暗。所以，如果你也有将孩子管成你想要的样子的想法时，请及时的悬崖勒马，否则结果会适得其反。那么，父母具体该怎么做？我有几点建议：

第一，每个孩子的身上都有闪光点，父母想把孩子培养成自己想要的模样，很大程度是没有发现孩子身上的闪光点。所以，我们需要试着去了解自己的孩子，挖掘孩子身上的闪光点。当发现孩子身上的闪光点越多，那么将孩子培养成我们想要的模样的执念就没有那么强烈了。怎么去挖掘孩子身上的闪光点呢？可以从孩子的性格、特长、为人处世的方式方法等多个方面去挖掘。

第二，学会给孩子更多的选择权，让孩子自由成长。在生活中，我们要给孩子说话的机会，多听听孩子的想法。如果他们的想法很不错，或者他们能够承受自我选择后的结果，作为父母的我们不妨尊重孩子的选择。

需要注意的是，给孩子更多的选择权有一个前提，那就是孩子自己的选择对他起到了一个促进的作用，能够使他蜕变得更优秀。

孩子就像一条船，他们的舵应该由他们自己掌握。作为父母，我们只需要当孩子的指南针，不让他们在人生的海洋中迷航就行。当试着给予孩子更多的选择权后，你会发现孩子的人生将变得丰富多彩，而孩子也将耀眼起来。

第八章
别再禁锢孩子的思维，还给孩子放飞大脑的机会

· ·

作为父母，你有没有想过孩子的某些言行都具有深意？他与你的辩论、做出的那些"熊"事儿、无法用正常思维理解的话语、挑衅人的危险行为等，其实很多时候都是他们思维发散的结果。

不禁锢孩子的思维，你可能会收获一枚天才。所以，请给孩子放飞大脑的机会吧！

· ·

你给孩子的答案，就一定正确吗

01

前段时间，我看到一则有趣的新闻：

事情是说一个孩子在写数学作业时，碰到了一道难题，他左思右想都没能解出来。孩子的妈妈见他在这道题上耗费了太多的时间，便帮他去解这道题。

这位妈妈用孩子没有学过的方法解出了一个答案。在她说解题步骤的时候，孩子的脑袋灵光一闪，也有了解题思路，并解出了一个答案。至此，孩子和妈妈出现了争执，因为两个人的答案算的不一样。

到底谁的答案是正确的呢？妈妈说她的答案肯定是正确的，并让孩子听她的。但孩子却认为自己的答案是正确的。孩子因为妈妈太固执，不禁大哭起来，并在激动之下拨打了报警电话。

　　警察叔叔赶到后，在了解到事情经过后，先对孩子的报警行为进行了批评，为这点微不足道的小事而报警是浪费社会资源，之后开始调解起这对母子间的矛盾。那么，到底谁的答案是正确的，谁的答案是错误的呢？警察叔叔计算过后，得出的答案与孩子是一致的。在他将解题思路告知孩子的妈妈后，这位妈妈才意识到自己做错了。

　　父母给孩子的答案，就一定是正确的吗？我的亲身经历告诉我，我们给孩子的答案也有错误的时候。

　　在我的孩子很小的时候，我希望她乖巧懂事。所以，我曾告诉过她，做任何事之前可以先问一下我。孩子将我的话牢牢记在了心里，所以当有邻居给她糖果时，她会不自觉地看着我，那眼神仿佛是在问我能不能拿；当我带她去朋友家做客时，她看到感兴趣的玩具时，会先问我能不能玩。

　　有一次，孩子的爸爸过生日，我和孩子打算各送一个礼物。孩子有存零钱的习惯，所以我对孩子说她可以自己决定买什么礼物送给爸爸，而孩子也对我说"好"。然而，当我们到了商场后，孩子每看到一个有趣的物品，都会问我能不能将这个物品当作礼物送给爸爸。

　　在孩子询问了我很多次后，我的耐心也终于耗尽，我板着脸对孩子强调："你可以自己做主，不用再问我。"

　　孩子听后，满脸委屈，她不解地对我说："不是你告诉我让我在做任何事之前先问问你嘛！"

　　孩子的质问，让我心头一颤，我不禁反思起我对孩子说的话是不是完全正确的？

02

我曾经看到过这样一个童话故事：

大森林里住着两只兔子，兔子妈妈告诉小兔子，在做任何事情之前要先问一下妈妈。有一天，小兔子在屋外玩耍，突然窜出了一只大灰狼。小兔子第一时间想到的不是逃跑，而是朝屋子里的兔妈妈喊道："妈妈，大灰狼来了，我该怎么办？"小兔子还没有等到兔妈妈的回答，一口就被大灰狼吞进了肚子。

在这个故事中，我们不难看出，兔子妈妈告诉小兔子做任何事情之前要先问一下妈妈是不正确的，也因此小兔子付出了生命的代价。而这个故事与发生在我和孩子之间的经历又是何其的相似。倘若我长期让孩子听从我的话，那么带来的影响也绝对是弊大于利的，首当其冲的是禁锢了孩子的思维。

我们不难发现，孩子之间，有的孩子思维敏锐，有的孩子思维迟钝，除去先天性的因素外，绝大多数是后天因素造成的，因为思考得越多，思维就越灵活，而思考得越少，思维就越迟钝。当我们告诉孩子我们的话是正确的，并固执地要求孩子听从时，其实就是在剥夺孩子思考的机会，是在禁锢孩子的思维。

当孩子的思维被禁锢后，随之而来的会是一系列负面影响，比如会令孩子变得很没有主见。因为每一个想法都源于思考，当孩子丧失了思考的能力后，那么在面对事物的时候，脑袋里就会一片茫然，没有丁点儿想法。

又比如会令孩子自卑，性格也朝不好的方向发展。因为在孩子成长过程中，父母不可能时时刻刻伴随在孩子左右，在没有父母陪伴的时候，孩子必须要独自面对各种难题。如果孩子总是无法攻克这些难题，心里会变得自卑，性格也将变得孤僻、内向。

可见，父母给孩子的答案，并不一定是正确的。

03

作为父母的我们，在与孩子相处时，一定要为自己的话负责。因为你给孩子的答案并不一定是正确的，而错误的答案带给孩子的伤害将会是一辈子的。

对此，我有几点建议给各位家长：

第一，思维是一个人存在的根本，而敏捷的思维能力对孩子的成长及未来尤为重要。所以，在孩子遇到难题时，父母不要急着说出自己的答案，而是要鼓励孩子，说说他的答案。当孩子的答案不足以解开难题时，父母可以给孩子提供一些线索，让他们自己去找到答案，而这个过程其实是对孩子思维能力的锻炼。

第二，很多时候父母认为自己的观点是对的，是仗着自己丰富的人生经历和阅历。事实上，没有谁能够保证自己的观点永远不会出错。出错并不可怕，可怕的是不敢面对自己的错误。所以，每位父母都该学会接受孩子的质疑，并勇于纠正错误的观点。

那么在我们诉说完自己的观点后，如果孩子有话要说，就要给予孩子说的权利。如果孩子对我们的观点有所质疑，并提出了质疑的地方。这个时候就要站在孩子的角度去看待自己的观点，发现错误后，要勇敢纠正。

别用约定俗成的规则，圈禁孩子的想法

01

什么是约定俗成的规则？它是指由人们经过长期的社会实践而确定或形成的规则。

然而，这是个需要创新的社会，而一切创新都是在打破规则中产生的。当我们孩子的思维被约定俗成的规则给禁锢住，又怎么能去创新呢！

我举一个例子：在看到家中水壶内的水烧开后，水壶盖子不停地上下跳动，你会怎么做？绝大多数人会想也不想地将水壶从炉子上拿开，鲜少有人会思考水烧开后，水壶盖子为什么会跳动这个问题。

在这里，绝大多数人的做法都遵循了约定俗成的规则，这些规则使得人们的思维被禁锢，无法去创新。只有少数人脱离了约定俗成的规则，并去思考和创新。就像英国伟大的发明家詹姆斯·瓦特，他就是跳出了约定俗成的规则，发明出了蒸汽机。

有一次，小瓦特在厨房里看祖母做饭，灶上水壶里的水烧开后，水壶盖不停地跳动，并发出"啪啪"的响声。瓦特观察了很久，他搞不懂水壶盖为什么会跳动，于是就问祖母原因。祖母告诉瓦特："水开了，就会这样。"但瓦特并不满意祖母的回答，他追问祖母："为什么水开了茶壶盖就会跳动？是不是有什么东西在推动茶壶盖？"然而祖母太忙了，她用"小孩子不能刨根问底"这样的话打发了瓦特。

瓦特并没有因为祖母的话而放弃寻找答案，在接下来的几天，他都蹲在火炉旁观察水壶烧开的过程。最终，他发现是蒸汽让水壶盖跳动的。因为水蒸气的启示，他最终发明出了蒸汽机。正是因为瓦特打破了约定俗成的规则，才得以让思维发散，有了这项伟大的发明。

02

约定俗成的规则就如同一条路，正是因为人走得多了，就成了路。但是，我们如果能够打破规则，去走另外一条路，没准会看到不一样的风景。

在教导孩子遵守约定俗成的规则上，我有几点建议给各位家长：

第一，我们可以给孩子建立一些约定俗成的规则，但前提是要先教导孩子懂得思考和变通，知道孰轻孰重。只有懂得思考和变通，才不会被约定俗成的规则给束缚住。

第二，随着时代的发展，人们思想的解放，一些约定俗成的规则倒成了糟粕，比如孩子不能直呼父母的名字。但事实上，有时候直呼父母的名字，是能够促进亲子关系发展的。所以，在给孩子建立约定俗成的规则时，父母要取其精华，去其糟粕。

第三，当孩子对约定俗成的规则有别样的看法时，父母要耐心地听孩子去说，并且不要总是将"不行""不准"这类否定的话语挂在嘴边。因为父母每一次的否定，都会打击孩子思考的积极性。

别阻挠孩子的好奇心，万千发现始于好奇

01

好奇是孩子的天性，从他们呱呱坠地时就在好奇这个世界，并用自己的方式去探索世界的奥秘。比如在婴幼儿时期，他们会将东西放进嘴里，会用手去触摸；到了孩童时期，总是会将"为什么"这三个字挂在嘴边，或是做出一些破坏性的行为，但这些都是他们表达好奇心的方式。

有的时候，孩子们展现好奇心的方式太过糟糕，以至于会让父母做出阻挠孩子好奇心的行为。然而，阻挠孩子的好奇心，其实就是在阻挠孩子对事物的万千发现。这一点，我深有体会。

在此，我说两个发生在我的孩子身上的例子：

有一回，我带孩子去公园玩。在一块草地上有三五个孩子凑在一起，正在观察些什么。我的孩子好奇极了，拖着我去看这些孩子在干什么。我们走

近一看，原来孩子们正在观察一群蚂蚁。这群蚂蚁排着长长的队伍，它们从地上一个低处的洞穴爬出，爬进一个高处的洞穴里。

几个孩子互相询问，"蚂蚁为什么会排成队爬""蚂蚁为什么要搬家"。然而，他们还没有在观察中获得答案，就被各自的父母拎了回去。这些父母有的训斥孩子不应该趴在地上弄脏衣服，有的批评孩子不应该玩蚂蚁。

正当我打算喊我的孩子离开时，她忽然对我说："小蚂蚁是大力士吧！你看，它们居然能够搬动比自己大很多的食物。"她的发现让我驻留了脚步，让我决定放纵她的好奇心的发展。之后，她又观察了蚂蚁好长一会儿，并破坏了蚂蚁的队伍，这使得她又有了新的发现，她笃定地告诉我蚂蚁排队爬行是为了不迷路，即使迷路了，它们也能找到大部队。

隔天，天空下起了大雨，孩子又想起了公园里看到的蚂蚁，她兴奋地问我："蚂蚁是不是预言家？它们知道今天会下雨，觉得低处的家会被淹没，所以才搬到高处的新家去？"

还有一回，事情发生在冬季。那个冬天，下起了好几场雪。第一场雪下得很大，地上积了厚厚的一层雪。孩子见楼下很多小朋友在打雪仗、堆雪人，闹着要出去玩。过了些天，天空又下起了第二场大雪，让孩子好奇的是，这场雪下了很久也没有堆积出雪层，楼下也没有小朋友玩雪了。

当孩子向我道出心中的疑惑后，我让她自己去寻找答案。孩子下了楼后，伸出手接了几片飘落的雪花。她仔细观察后发现，这一次雪花中夹杂着雨水，而上一次的雪花没有雨水，并得出了湿雪比干雪融化快的结论。

经过这两件事，让我明白孩子对事物的发现始于好奇心。我们阻挠孩子的好奇心，其实就是在阻挠孩子的思维运转，阻挠他们对事物的认知。

02

好奇心是一种心理，简单地说就是个体对某种未知的事物表现出一种认知上的复杂的情感，而这种情感会化为内在动机，能够促使人主动学习或是去探索奥秘。

我举一个简单的例子：物理学家牛顿在苹果树下午睡，一个成熟了的苹果突然掉落下来，并砸到了他。牛顿就想：为什么苹果会朝地上落？而不是朝着天上飞呢？在好奇心的驱使下，他发现了万有引力定律。

其中，牛顿对苹果坠落的质疑是一种认识上的复杂情感，这股情感化为内在动机，让他通过实验、探索揭开了谜底。

对孩子成长来说，好奇心是极为重要的。首先，它能够促进孩子的大脑运转，让孩子的思维变得更敏捷。因为，与好奇心相伴的是一个求知的过程，在找寻答案的时候，少不了要去思考。思考的越多，孩子思维转动的就越快。

其次，在好奇心的驱使下，孩子会主动地探索奥秘。遇到不懂的地方，会主动学习。这个学习的过程能够使孩子获得快乐，获得满足感，继而更加热爱学习。

此外，好奇心还能够驱使孩子去创新。因为很多伟大的发明都是在好奇心下诞生出来的，比如伽利略，他曾在实验室内用铁桶煮水，这期间，他发现了一个奇怪的现象：水烧开的时候，铁通里的水位会上升；水凉了，铁桶里的水位又下降。最终，他发现了热胀冷缩的原理，并发明出了温度计。

可见，积极引导孩子的好奇心，能够使孩子更优秀。

03

好奇心是孩子一生中最宝贵的财富，作为父母，我们有责任和义务替孩子守住这笔财富。所以，当孩子仰着脑袋好奇地问我们"为什么"的时候，我们决不能呵斥或阻挠孩子，因为这会使孩子的好奇心消亡。

那么，如何保护孩子的好奇心呢？我有几点建议：

第一，父母为什么会阻挠孩子的好奇心？无非是觉得孩子的问题很奇怪、幼稚、浅薄、令人难以回答等。事实上，这是孩子认知有限造成的。我们需要转变自己对孩子好奇心的看法，不要以成年人的思维去约束孩子。只有先转变思想，才能够杜绝、阻挠孩子好奇心的言行发生。

第二，在孩子问父母"为什么"的时候，父母不要急着将答案说出来，可以对孩子说"不知道"，鼓励孩子自己去寻找答案。因为父母第一时间解答孩子的问题，会打击孩子探索事物的积极性，削弱孩子的好奇心。而对孩子说"不知道"，则能使孩子的思维转动起来，能够使孩子主动投入探索当中。

第三，孩子的年龄越小，好奇心就越重。父母需要关注孩子的成长，找到孩子好奇心最强烈的时期，并认真呵护。父母的呵护既会令孩子的好奇心稳定发展，也能对孩子的大脑开发，以及性格和习惯的养成起到积极的作用。

哪个阶段是孩子好奇心最强烈的时期呢？通常来说，0~3岁是孩子好奇心的爆发期。这个时期，孩子会将"为什么"当作口头禅，将同样的问题问上许多遍，这使得许多父母无所适从，或是失去耐心，最终制止、敷衍、训斥孩子的发问，而这些做法会使孩子逐渐失去好奇心，失去对世界探索的欲望。因此，父母要从小呵护孩子的好奇心，尤其是在孩子好奇心最强烈的时期，更要倍加呵护。在必要的时候，还可以为孩子创造一些场景来激发孩子好奇心。

孩子的好奇心是与生俱来的，但如果不呵护，就可能会消失。父母需要记住，你对孩子回应的态度，决定了孩子好奇心的强弱。所以，我们切记不要阻挠孩子的好奇心，给孩子大脑一个发散思维的机会。

风马牛未必不相及，让孩子胡思乱想去吧

01

有一年小长假，我和先生带着孩子来了趟说走就走的旅行。我们去了陕西西安，去游览了秦始皇陵。

当时，孩子还很小，当我告诉她眼前看到的巍峨、壮观的建筑群是一座帝王的陵墓时，她表现得非常惊讶。当然，不止孩子惊讶，我们也很惊讶，很难想象一个帝王的陵墓会有如此之大的规模。

我们一一参观了秦皇陵的宫殿遗址、闻名世界的兵马俑，以及众多出土的文物。这些都令孩子很感兴趣，碰到有导游讲解时，她会安静地待在一旁，听得津津有味。尤其是在听到秦始皇的丰功伟绩时，不禁敬佩不已。让孩子感到遗憾的是，秦始皇的主陵墓至今还没有打开。

回去的时候，孩子叽叽喳喳说个不停：

"如果未来能发明一种用在建筑上的带有透视功能的扫描仪，不用打开主陵墓，我们就能知道内部的情况了。"

"那些兵马俑是不是按照真人的模样浇筑的呀！等未来发明出了时空穿梭机，我一定要穿越到秦朝……"

或许在别人看来，我的孩子所说的话纯属异想天开、胡思乱想。但是，谁能保证她的胡思乱想在未来就不会实现呢！就如同古人曾幻想在天空飞翔，时至今日，我们的确乘坐飞机完成了在空中飞翔的梦。

就像第一个登上月球的宇航员尼尔·奥尔登·阿姆斯特朗，你所不知道的是，他的航天梦始于他幼时的胡思乱想。

阿姆斯特朗从小就对宇宙感兴趣，他常常会幻想自己开着宇宙飞船在浩瀚无垠的宇宙中飞翔，会幻想自己会遇到各种各样的外星人。在他人看来，他的梦想不切实际，纯属于胡思乱想，甚至有好心的邻居劝说阿姆斯特朗的妈妈管一管孩子，让他现实一点。但是，阿姆斯特朗的妈妈却十分支持孩子的胡思乱想，并且用实际行动来支持他的胡思乱想。

比如，在阿姆斯特朗6岁的时候，有一回，他在屋外和一群小朋友玩耍。不知不觉，天空下起了雨。雨水并没有令孩子们收起玩心，反而让他们玩得越发疯狂。在玩耍的过程中，阿姆斯特朗穿的新衣服必不可免弄得脏兮兮。

阿姆斯特朗的妈妈做好饭后，去喊阿姆斯特朗回家吃饭。当看到阿姆斯特朗身上脏兮兮的衣服时，她没有一点责怪之意。

阿姆斯特朗没有玩尽兴，他对妈妈说："妈妈，我刚刚登上了月球，月球上太好玩了，我想多玩一会儿。"阿姆斯特朗的妈妈听后，点了点头，她笑着温和地对阿姆斯特朗说："好的，儿子，不过你别忘记要按时回地球吃饭。"

在妈妈的支持下，阿姆斯特朗将幼时的太空梦当作了梦想，并报考了宇航员的选拔训练。在他的坚持和妈妈的鼓励之下，他通过了训练，成为一名正式的宇航员，成为登月第一人。

谁也想不到，幼时的胡思乱想会被阿姆斯特朗当作了理想。可见，很多时候，我们认为孩子在胡思乱想，没准就是他们在畅想未来，有时候，风马牛未必不相及。

02

胡思乱想，是指没有根据，不切实际的瞎想，也可以理解成是一种想象力。想象力是孩子思维的翅膀，想象力越丰富，思维就越活跃。对我们的孩子来说，想象力是他们成长路程中必不可缺的一种能力。

因为，想象力是人类创新的源泉。很多伟大的发明，都是先想象，后创造的，就比如爱迪生发明电灯泡，他先是看到蜡烛、煤油灯的灯光昏暗且不安全后，才想着要发明一种明亮、安全且耐用的灯泡。在经过几千次的实验，才发明出了灯泡。所以，当孩子拥有了丰富的想象力，也就具备了丰厚的去创造新事物的资本。

我再举个例子：有一回，我的几个朋友带着孩子来我家做客，我给孩子们每人一盒酸奶。其中一个小朋友突然说酸奶盒子像一艘小船，为了让盒子更像一条船，他动手把多余的部分撕掉了。其他小朋友见状，也纷纷发挥想象力，一番裁剪后，创造出了"花盆""储物盒"等新物品。可见，想象力很大程度是等同于创造力的。

毋庸置疑，这是个需要创新的社会，懂得创新才不会被社会所淘汰，所以我们需要从小呵护孩子的想象力，给孩子胡思乱想的机会。

03

虽然说，孩子的想象力是与生俱来的，但是经过后天的发展，会出现极大的差距。针对孩子的想象力，我有几点建议：

第一，孩子的想象力就像是一团火焰，想要火焰更旺盛，就需要"火上浇油"。简而言之，就是在遇到孩子胡思乱想时，不要因为孩子的想法太不切实际而制止孩子去想象，这无异于是朝孩子泼冷水，这么做只会让孩子丧失想象的积极性，反之，听一听孩子的想法，与孩子一起去实践会令孩子爱上想象。

第二，想象力作为一种能力，它是可以通过后天的训练来提升的。我们可以针对性的与孩子玩一些益于想象力的活动，以此来提升孩子的想象力。比如搭积木，这些游戏的变化性大，能够给孩子很大的想象空间。

第三，想象力与认知息息相关，即认知越多，想象力就越丰富；认知匮乏，想象力也就贫瘠。所以，想要提升孩子的想象力，就要先扩大孩子的自我认知。怎么扩大孩子的自我认知呢？答案是读万卷书，行万里路。

需要注意的是，幼儿时期是孩子想象力发展的关键时期，父母需要主动出击，帮助孩子培养想象力。

只要能保证孩子的安全，就放开他的冒险精神

01

我曾读过这样一个故事：

有两颗相同的种子掉落在同一片泥土里。一个种子想：我要把根深深扎进泥土中努力成长，要走过春夏秋冬去看更多美丽的风景。于是，这颗种子努力生长着，在一个秋季，它结出了许多果实。

而另外一颗种子却想：我如果朝上生长，可能会碰到坚硬的石头；我如果向地下生长，可能会伤到自己脆弱的根茎；我如果长出幼芽，可能会被蜗牛吃掉；我如果长出了美丽的花朵，可能会被调皮的孩子连根拔起……这颗种子想来想去，觉得还是躺在原地最安全、舒服。有一天，一只公鸡出来觅食，看到躺在泥土上的种子后，一口将它啄到了嘴里。

两颗相同的种子为什么会有截然不同的命运呢？这是因为后者安于现状，不敢去冒险。其实，我们的孩子就如同种子一般，他们的人生是未知

的，未来能走多远，能看到多少美丽的风景，全取决于他的冒险精神。

那么，冒险精神的缺失，会给孩子带来哪些负面影响呢？

仔细观察会发现，缺乏冒险精神的孩子在做事时，更青睐于保守、安全的做法。不是说这种墨守成规的做事态度不好，而是说很难有所突破。相应的，缺乏冒险精神的孩子不敢去尝试陌生的事物，然而，不去尝试的话，就无法掌握新事物的。此外，冒险精神往往与创新力息息相关，不敢去冒险的人就永远创造不出新的事物。当这些影响汇聚在一起，就拼凑出一个碌碌无为的人生。

可见，冒险精神是每个孩子都不可欠缺的。

02

冒险是孩子的天性之一，在孩子咿呀学语时，不管手里拿到什么，都敢往嘴里放；稍微长大一点，因为对外界事物的好奇总会做出一些在父母看来极度危险的事，比如会尝一尝家里所有瓶瓶罐罐里的东西的味道。

因为担心孩子的安危，父母才会要求孩子这个不能做，那个不能碰，不知不觉中孩子的冒险精神就缺失了。事实上，孩子的安全与冒险精神是可以兼得的。

那么，父母具体该怎么做呢？

第一，现实中，对孩子造成危险的事物有很多，父母不可能时刻做到将孩子纳入自己的羽翼之下，并且，有些事物我们明知危险，但还是得让孩子去做，比如游泳，孩子会面临溺水的风险，但我们还是得让他们去学。所以，既然危险杜绝不了，不如教导孩子在危险中如何保护自己。

第二，我们要教导孩子区分什么是"冒险"，什么是"莽撞"。因为，很多时候孩子的行为是莽撞的。

"冒险"和"莽撞"的前景都是未知的，但两者又有很大的区别。通常"冒险"并不是毫无底气，是有一定准备的，就像冒险家贝尔·格里尔斯，他敢独自横穿沙漠，敢在荒野生活，是因为他掌握了足够多的技能，这些技能就是他的底气，让他敢于冒险，热爱冒险；而"莽撞"是凭着一腔热血去做事，没有准备，也没有考虑后果。

因此，我们要教导孩子学会分析他的冒险行为，看看究竟是冒险，还是莽撞。如果是莽撞，那么就要立马停止。

第三，既然是冒险，那么必然是存在危险性的，所以孩子在冒险的过程中，会存在受伤的可能。但是，我们不能因为过于担心孩子的安全，而扼杀孩子的冒险精神。父母必须要放宽心态去看待孩子的安全问题，像小的划伤，并不妨碍孩子继续冒险。

冒险精神就如同一把双刃剑，孩子是激进、冒失，还是勇敢、坚韧，完全取决于父母对孩子冒险行为的把控。

第九章
不圈养、少干涉、莫阻挠，放手让孩子独立去社交

....

在父母的眼中，孩子无疑是脆弱的，而这个世界又充满了很多危险，所以为了防止孩子受到伤害，不少父母会将孩子保护的密不透风，尤其是在孩子的社交上过度干涉。然而，社交也是独立表现的方式之一。

此外，阻挠孩子社交的行为其实不是在保护孩子，而是在伤害孩子。除了会造成孩子社交障碍外，也会使孩子掌握不到社交的技巧。

....

被父母关在家里的孩子，往往都有社交障碍了

01

我有一位朋友，学识渊博、长相帅气，唯一的缺点大概就是在社交方面有些欠缺。他总是不懂如何与人相处，对一些人情往来的事情也一窍不通。很多与他不熟悉的人，对他的评价都不是很好。

记得刚认识这位朋友的时候，我也认为他应该是个不好相处的人。他会当着女士的面直言对方的新裙子不适合她；会在同事哭诉自己的小狗丢失时一脸冷漠、事不关己地站在一旁。而且他总是表现得不合群，不喜欢与人分享。以至于很多与他共事多年的人，都不知道他的家庭状况怎么样，是否有兄弟姐妹等。

但当我与他熟识之后，渐渐才发现，他其实是一个非常好的人，脾气温和，绅士有礼。而他之所以会做出那些在别人看来无比冒犯的行为，只是因

为他根本不明白罢了。他也并非是一个喜欢离群索居的人，只是很多时候，他似乎并不懂得该如何与别人相处，不懂得该如何与别人分享自己的喜怒哀乐。

记得有一次，我们几个朋友出来小聚，正在聊天时，被几个嘻嘻哈哈、追逐打闹的小朋友打断了，这位朋友突然感慨了一句："真羡慕这些孩子，可以这样成群结队地玩耍……"

有了这句感慨作为开头，这位正在学习"如何分享"的朋友开始将自己的故事娓娓道来。

上小学的时候，有一段时间他父亲的身体不好，需要长期住院，母亲为了照顾父亲，只好把他暂时寄养在姑姑家，他也就此转学到了姑姑家那边的学校。

虽然姑姑对他很好，但对于年幼的他来说，那种寄人篱下的心情始终是挥之不去的。因为是寄住，所以无论做什么事情，他都小心翼翼。他不敢约同学到家里一块写作业，不敢随便拿零食到学校和别人分享，因为他很清楚，这里不是他自己的家。

每到假期的时候，他会回到父母身边，有时是医院，有时是家里，但不管是哪里，都和他的同学、朋友不在一个地方。当然，周围也并不是没有同龄人，但那时候，大约是经常听到关于小孩被拐的新闻，母亲又实在没有多余的精力看顾他，所以对他的管理非常严格，不会轻易让他自己出门玩。那时候，他最多的娱乐活动就是一个人在家或者在医院病房安静地看书。

正是这样"孤独"的成长经历，让他渐渐习惯了"离群索居"，即使上大学住校以后，他也始终不知道该如何融入集体生活。很多与他不熟悉的人都觉得他很高冷，但实际上，他只是有一些社交障碍。

02

歌德曾说过："人不能孤独地活着，他需要社会。"

人是群居动物，天生性格孤僻的孩子始终都是少数。大部分的孩子从很小的时候开始，就是有社交需求的。像很多孩子，每次家里来客人时，都会表现得比平时活跃一些，哪怕是性格内向、害羞的孩子，往往也都会对客人表现出明显的好奇，这实际上就是孩子社交需求的一种体现。

随着年龄的增长，孩子的社交需求也会变得越来越强烈，这种时候，如果因为某些客观原因，导致这种社交需求被压抑，那么必然会对孩子的身心健康造成不利影响。比如有的孩子会感受到强烈的孤独感，有的孩子会因此而产生焦虑、苦恼等不良情绪，还有的孩子则可能因缺乏社交而逐渐形成社交障碍。

可以说，性格孤僻的孩子，很大程度上是受到后天成长环境和家长教育方式的影响，而"天生"的性格往往只占了一小部分。

人的社交能力其实从某种程度上来说，也可以看作是一种经验的累积。一个人，如果在成长的过程中有比较多的社交机会，那么即使这个人没有这方面的天赋，在长久与人交往的过程中，想必也能总结出一套适合自己的社交方式。但如果一个人在成长过程中因为某些原因，很少和人打交道，那么即使他头脑再聪明，再懂得察言观色，也不可能摇身一变就成为社交达人。就像我那位朋友，头脑聪明、智商很高，做事情也是谨慎周全，观察入微，却始终无法克服内心的社交恐惧。

03

孩子是需要一定程度的"放养"的，过度的保护只会束缚他们的成长，限制他们的天赋。

有很多父母对孩子总是有着过度的担心，担心他们被人欺负，担心他们遇上坏人，于是总是一遍遍告诫孩子，不要和陌生人说话、不要独自一人去危险的地方，恨不得把这个世界上的一切危险都摊在孩子面前，让他们对探索世界望而却步；有的父母甚至还强硬地插手孩子的社交，恨不得把每一个接近孩子的人都"扫描"一遍，动不动就把"不要和某某一起玩"挂在嘴边。

父母想要保护孩子的心情是可以理解的，但如果因为想要保护孩子，就把他们圈养成温室里的花朵，那么对他们未来的发展显然没有任何帮助。要知道，在如今这个社会，人际交往能力也已经成为体现竞争力的软实力之一，如果我们总把孩子"关"在家里，那么无异于是在剥夺孩子的这项能力。

那么，作为父母，我们应该怎样做才能帮助孩子提高社交能力呢？

第一，引导孩子多说话，来提高孩子的语言表达能力。人与人之间的沟通和交流，主要都是以说话的形式进行的，可以说，语言表达能力是社交能力的核心。一个会说话的人，通常人缘都不会差，也不容易得罪人。所以，家长可以多引导孩子说话，从而提升孩子的语言表达能力。

第二，鼓励孩子多与人接触，克服害羞心理。每个孩子的性格都不相同，有的孩子活泼外向，有的孩子则腼腆内向。通常来说，在人际交往方面，前者比后者的表现会更好，因为后者往往要比前者更容易害羞。

其实，不同的性格都会有不同的优势，我们不需要强行去改变孩子的性格，但为了提高孩子的社交能力，我们可以多鼓励孩子尝试当众发言，或者主动与人交谈，从而克服害羞心理。当孩子不再害羞时，他们的交际能力也就不会再受到影响了。

第三，多给孩子提供与同龄人接触的机会。说到底，孩子的社交状况，主要还是掌握在父母手中，如果父母不能给孩子提供接触同龄人的机会，那么也就谈不上"社交"了。

很多父母可能会问："为什么一定要是同龄人呢？"原因其实很简单，一般来说，孩子在和成年人交往的时候，成年人都会让着孩子，即便孩子做了什么冒犯人的事情，成年人一般也都不会去同一个孩子计较。在这样的状况下，孩子其实是无法累积社交经验的。更重要的是，如果孩子缺乏与同龄人接触的机会，又习惯了与成年人交往时的相处模式，那么将来再与同龄人有所交集的时候，他们或许就会因为怕麻烦而宁愿自己一个人玩，这对他们的人际交往显然是极为不利的。

所以，父母一定要多为孩子制造一些机会，让他们能够与同龄人多接触，体验人际交往互动的乐趣。

孩子怕生，还不是你给吓得

01

前阵子，我带孩子去公园玩的时候，看到这样一个场景：

一位年轻妈妈正一边推搡身边的小女孩，一边催促："别害羞啊，快去和小朋友们一起玩儿，你昨天不是还说想滑滑梯吗？快过去呀，怕什么啊！别扭扭捏捏的……"

小女孩死死拽着妈妈的衣服不肯挪动脚步，一脸泫然欲泣的样子，就好像妈妈要逼她去干什么可怕又危险的事情一般。最后，在这位年轻妈妈打算亲自把孩子拽到玩滑梯的地方时，小女孩终于绷不住，"哇"的一声哭了出来。年轻妈妈赶紧弯腰抱起女儿，一边轻拍她的背，一边哭笑不得地说道："好了好了，不去就算了，哭什么呀！你怎么那么没出息……"

看着年轻妈妈抱着哭泣的女儿离开，我突然想到我的一位朋友琳娜。琳娜的女儿比我女儿小1岁，是个特别腼腆的女孩。

有一次，我陪琳娜带着她女儿去一个兴趣班上体验课，到教室的时候，老师还没来，但已经有不少小朋友在里面玩了。当时，琳娜也像那位年轻妈妈一样，鼓励孩子去加入那些小朋友，和他们一起玩。

鼓励无果之后，琳娜并没有强求，而是笑着对孩子说："要不妈妈带你一起去，问问小朋友们能不能让你加入一起玩，好不好呀？"

听到琳娜这么说，孩子还是有些犹豫，琳娜也没有催促她，只是微笑着耐心地等她回答。过了一会儿，琳娜的女儿才犹豫地点了点头。得到女儿的回答，琳娜牵着她的手走向那群小朋友，并微笑着对他们说："小朋友们，你们好，可以让小妹妹加入你们一起玩吗？"

事后，我对琳娜感慨，说她是个有耐心的好妈妈。琳娜却笑着说，她只是懂得"换位思考"而已。

琳娜告诉我，儿时的她是个非常胆小、害羞的人，和她的女儿很像。但那时候，她的妈妈为了让她克服羞怯，总是会抓住一切机会强迫她主动去和陌生人交谈。以至于很长一段时间，琳娜都非常恐惧出门，恐惧见到陌生人，那段经历对她来说，就像一场噩梦。妈妈的强迫不仅没有让她克服羞怯，反而一度产生了社交恐惧。

正是因为有这样的经历，所以即使琳娜有时候也会担心女儿因为太害羞而产生社交障碍，但却从来不会强迫她去克服内心的恐惧，而是愿意给她更多的时间与耐心，让她自己去调适内心的情绪。因为琳娜知道，强迫孩子去做他们恐惧的事，只会适得其反。

02

很多人在年幼时大概都有过这样的体验：越是害怕和陌生人交际，父母就越是会故意制造机会让你去和陌生人交际，比如"强迫"你加入别的小朋友中间和他们一起玩耍；或者故意制造机会，使唤你去和陌生人交谈，比如问路、买东西等。

从家长的角度来说，他们之所以会这样做，是因为觉得用这样的方式可以训练孩子的交际能力，既然他们害怕交际，那么就多制造机会让他们去交际，久而久之，习惯了之后，内心的恐惧自然也就消失了。

但实际上，这样的方式并不能让孩子克服害羞怯懦，成为交际高手。甚至来说，有很大一部分孩子会因为家长的"逼迫"而更加厌恶与人交际，甚至产生社交障碍。

要知道，孩子无论是心理承受能力，还是对自我情绪的管理和调控能力，都是远不如成年人的。无论是他们的性格还是三观，都还在塑造和建设中，过多的"恐吓"只会让他们对许多事情望而却步，甚至在心中留下难以磨灭的阴影。

可以说，很多时候，孩子的病态怕生，很大程度上是被家长"吓"出来的。

03

每个人身上都是存在缺陷的，比如性格活泼、外向的人，往往专注力就会比较差；性格沉稳安静的人，可能在和陌生人打交道时会过分羞怯、腼腆；胆子大的人总是难免有些马虎；谨慎小心的人又可能畏首畏尾……

而成长，其实就是一个不断完善自己的过程。那么，作为家长，到底应该怎样做，才能真正帮助孩子克服自身存在的某些缺点呢？

第一，尊重孩子的不同个性，可以引导孩子去改变，但不要强迫他们去改变。我们说过，每个孩子都有不同的性格，而每种性格也都有其不足的地方。但相应的，每种性格自然也存在其本身的优势。

当性格上的不足扩大到一定程度时，确实可能会对我们的生活造成不好的影响，但实际上，只要引导、控制得当，这些不足也是完全可以忽略的。比如内向、害羞的人，通常都不太擅长与人交流，但只要不影响到日常生活，能正常和人打交道，就没必要非逼迫他们去做社交高手。

每个家长都希望自己的孩子方方面面都是优秀的，这种望子成龙的心态可以理解，但如果仅仅是因为这样，就要强迫孩子去改变自己的性格，做自己不愿意甚至是恐惧做的事情，那么对孩子来说，绝对是一种伤害。

当我们发现孩子身上存在某些缺点时，可以去引导他们克服这些缺点，但绝对不能用强迫的方式逼着他们去改变，这样不仅无法帮助孩子，反而可能激起他们的逆反心理，最后适得其反。

第二，多给孩子一些耐心，让孩子自己去调适情绪和心理。即使对于成年人来说，改变都不是一件容易的事，更何况是孩子呢？当我们鼓励孩子去做一件他们不擅长，甚至可能感到恐惧的事情时，应该多给他们一些时间，让他们自己去调适内心的情绪，不要急着催促他们做出决定。

要知道，克服恐惧从来都不是一件容易的事。即使是我们在做自己不擅长，或令自己感到紧张的事情之前，都会需要一个给自己做心理建设的过程，孩子同样也需要有这样一个过程。

所以，当你鼓励一个内向害羞的孩子主动去和别人说话，或者在公开场合发表意见的时候，如果他们迟迟没有给出回应，也不要急着去催促他们，或表达自己的失望，要知道，此时他们的内心或许正在"天人交战"犹豫不决呢。多给他们一些时间和耐心吧，让他们学会调适自己的情绪和内心，这也是成长过程中非常重要的一门课程。

第三，不要用危言耸听的方式去管理和教育孩子。很多家长在教育孩子的时候，为了让他们听话，总会用一些危言耸听的方式去"恫吓"孩子。比如告诉他们，如果不听话就会被警察叔叔抓走；不乖乖刷牙就要带他们去拔牙……

对于成年人来说，这些"谎言"或许只是随口一说转头就忘掉的存在，但对于孩子来说，这些"谎言"却可能成为他们埋藏在心底的恐惧。这个世界对孩子来说，存在太多的未知了，他们还不能很好地判断出到底哪些是谎言，哪些是真实。家长的"恫吓"很可能会让孩子因恐惧而放弃对世界的探索，从而变得胆小怯懦、病态怕生。

所以，不要再用危言耸听的方式去教育和管理孩子了，如果你不希望他们做一件事，那么请清楚明白地告诉他们，为什么他们不应该做这件事。

尽量不要介入孩子之间的纠纷，让孩子学会自己解决矛盾

01

我有一个朋友，是个大龄单身男青年，去年在相亲市场遇到了"真爱"，一度到了谈婚论嫁的地步。但前不久，他却和这位"真爱"分手了，许多朋友都疑惑不已。后来，在一次聚会时，他才把事情的前因后果大致讲述了一番。

他遇到的这个"真爱"是个性情温柔的女孩，几乎处处都踩中了他的审美点。一开始，他也以为他和这个女孩能修成正果，一起步入婚姻的殿堂，但很快，他就发现这个女孩身上有一个问题让他很难接受，那就是无论遇到任何事情，甚至连和他拌几句嘴，她都会去告诉她的母亲，并且让她母亲出面来帮她解决。

这实在是件非常尴尬的事情，哪有情侣吵架让丈母娘出面交涉的道理？

这位朋友也和女孩说过多次，希望她不要什么事都告诉她母亲，什么事都让她母亲出面解决，可女孩却一脸无辜地看着他，委屈巴巴地说了一句："可是，那是我妈妈呀，从小到大，这些事情都是我妈帮我处理的呀！和朋友吵架、和同事闹矛盾，都是我妈妈帮我处理的……"

最终，朋友和他的"真爱"分手了，虽然他很喜欢这个女孩，但只要一想到在未来漫长的日子里，他们之间始终会夹着一个"她妈妈"，就让他望而却步。

朋友的遭遇让我想到了我的孩子入园时，我带她熟悉幼儿园时发生的一件事。

那天，我们去幼儿园参观，正好看到一群小朋友正围着两个秋千争抢不休，谁都想要先玩。眼看一场纠结即将发生，却没有老师上前制止。当时我觉得很有意思，便停下脚步想看看事情的后续发展会如何。

令人惊讶的是，我想象中的冲突并没有爆发，这些小朋友在争抢无果之后，争先恐后地提出了许多办法来解决"谁先玩秋千"这个问题。最后，他们是通过猜拳来决定排队顺序的，并且给每个人都定下了玩的时间。从头到尾，老师都没有插手其中。

后来，我询问幼儿园的老师们，为什么不在发现小朋友们有争吵苗头的时候就去制止，难道就不担心他们发生冲突吗？

当时，幼儿园的老师是这么回答我的，她说："很多时候，孩子之间的纠纷和矛盾，他们自己其实都是有能力去解决的，并不需要大人的插手和介入。相反，有时大人的插手和介入反而会激化矛盾，同时也会剥夺孩子独立应对危机，解决矛盾的能力。"

02

某电视台曾做过一档综艺，内容是关于明星妈妈和孩子的真人秀，其中有一期节目中的一幕给我留下了非常深刻的印象。

当时，明星妈妈正开车载着她的两个孩子去往节目组指定的地方。一开始，两个孩子都很乖，在后座上自己玩玩具，但后来不知怎么回事，他们开始为一个玩具争抢起来。没过多久，哥哥就把弟弟给弄哭了。面对这样的情形，明星妈妈却没有什么反应，依然淡定地开着车，好像根本不知道发生了什么。

令人意外的是，没多久哥哥居然主动哄弟弟，两个孩子很快就和好如初了，又一起和谐地玩玩具。

这一幕如果发生在现实生活中，想必很多家长都会去训斥哥哥，或者去哄哭闹的弟弟。但这样做对两个孩子的相处来说，实际上并没有什么好处。这种时候，不管是训斥哥哥还是哄弟弟，似乎都微妙地表达出家长的立场，甚至进一步激化孩子之间的小矛盾。更何况，很多时候孩子其实是有能力自己解决内部纠纷的，并不需要父母贸然插手。

成长是一件需要自己一步步去完成的事情，没有任何人可以代劳，如果父母总是过度干涉孩子的事情，那么必然会阻碍到孩子的成长。更重要的是，孩子之间的矛盾大多其实都是些小矛盾，但如果父母介入，无形中就扩大了这些矛盾，这对孩子的人际交往也是极为不利的。

03

在德国漫画家卜劳恩的漫画作品《父与子》中有这样一个场景：

儿子和小伙伴闹矛盾，两人大打出手，于是去找父亲告状。儿子带着父亲气势汹汹地回来后，发现小伙伴也找了自己的父亲过来。于是，两个大人开始互相理论，接着激情对骂，最后大打出手。而就在两位父亲打得不可开交的时候，儿子已经和小伙伴和好如初，开始旁若无人地一块玩游戏了。

可见，并不是所有时候，父母的帮助都能帮到孩子。事实上，在孩子完全有能力自己处理好事情的时候，父母的"帮助"只会把一切弄得更糟糕。

那么，在面对孩子之间的矛盾时，我们到底应该怎么做呢？

第一，当孩子与小伙伴发生争执时，无论孩子是对是错，父母都不应该介入进去，更不能直接越过孩子插手其中。因为对于孩子来说，与同龄人的交往，是他们发展社交技能和个人能力的重要经验，这是在与家庭成员互动的过程中很难获得的重要体验。所以，除非是孩子的行为存在危险性，可能会伤害到自己或者别人，否则一般情况下，对于孩子之间的事情，父母最好都不要介入。

第二，在平时就要有意识地加强孩子的安全教育，让他们明白，哪些行为和动作可能会给自己以及别人带来伤害。同时，我们也要鼓励孩子勇敢地发声，将自己的想法和态度都明确表达出来，并学会通过自己的思考去解决麻烦与纠纷。

别教孩子遇事往后退，从小培养孩子的社交领导力

01

前阵子到一位朋友家做客，聊天时说起孩子的教育问题，朋友向我抱怨，说她8岁的女儿妮妮是个非常没有责任心的人，遇到事情总会下意识把责任往别人身上推。

比如有一次，她早上起晚了，匆匆忙忙到学校之后，发现作业本没有带，老师问的时候，她下意识就回答说："我妈妈帮我收拾书包的时候，忘记帮我把作业本带上了。"

还有一次，妮妮和爸爸一块出去玩，回来之后才发现，父女俩不知怎么的把雨伞给弄丢了，都想不起来是遗忘在了什么地方。还不等爸爸说什么，妮妮就先嘟着嘴不高兴地指责爸爸："都怪爸爸，总是丢三落四的，不记得拿雨伞！"

我们正说到这里的时候，妮妮放学回来了。看着妮妮一脸疲惫的样子，

朋友问道："你去干什么了呀？今天下午不是只有两堂课吗？怎么这个点才回家？"

妮妮无精打采地回答："今天我们小组值日了，好累呀！"

朋友一脸狐疑："昨天你们不是就值日了吗？我记得你们值日是一天轮一个小组吧？"

妮妮撇撇嘴，不高兴地说："都怪孟婷婷，昨天值日的时候她忘记关窗户了，所以老师罚我们小组再值日一天。"

听到这话，朋友有些不高兴地说："既然是她忘记关窗户，那让她自己去值日不就好了吗！"

妮妮看着朋友，迟疑了一下，才小声说道："妈妈，可我们是一个小组啊！"

这次，没等朋友说什么，我赶紧插话道："说得对，不管是谁犯的错，你们是一个小组，就应该一起承担责任。"

听我这么说，朋友也没有再说什么。等妮妮回房间后，朋友又和我聊了几句，我告诉她："孩子是会从父母的言行中进行模仿和学习的，就比如今天这件事，妮妮他们小组因为某一个组员的失误，被老师惩罚要多值日一天。且不说这件事到底是不是那个同学的责任，身为同一个小组的成员，他们本来就是一个团队，一个集体。任何一个人犯的错误，其他成员也应该担负责任的。而你刚才说的话，可能只是随口一句抱怨，但其实却很容易给妮妮一个错误的信号，让她觉得你是在教她遇到事情自己先往后退，把责任都推卸到别人头上。"

听了我的话，朋友若有所思，半晌之后才苦笑道："唉，原来女儿缺乏责任心，都是我的'锅'啊！教育孩子可太难了，一不小心就行差踏错！"

02

我们常说，成长环境对孩子的影响是非常大的，因为在塑造性格的过程中，孩子总是会下意识地去模仿自己周围的人，尤其是父母。孩子对父母有着与生俱来的依赖和崇拜，对孩子而言，父母的行事准则和处世态度就是他们的"标杆"，他们总会下意识地去模仿，去靠近。

但与此同时，孩子的心思往往也都比较简单，他们还无法理解和分析成年人世界的复杂心理和情绪，很多时候，他们对父母的模仿与学习，都是来自父母在他们面前所表现出来的一言一行。

就像我那位朋友，当她听说女儿妮妮"无辜受累"时，或许只是因为心疼，所以随口抱怨了一句。殊不知，这样随口的一句抱怨，就有可能对妮妮造成误导，让她解读出错误的讯息。而关于妮妮缺乏责任心，总会下意识推卸责任的毛病，与这些"误导"脱不了干系。

对于同一件事，不同的人总会有不同的看法，因为每个人的思维、见识、认知等都有所不同，所以哪怕眼睛看到相同的东西，耳朵听到一样的声音，最终也都可能思考出不同的结论。父母与孩子之间同样存在这样的问题。

比如当父母教导孩子，要学会明哲保身，遇到事情赶紧往后退，免得遭受无妄之灾时，或许只是想让孩子学会保护自己，免得无辜受到连累；但孩子很可能将父母的这一教导解读为：遇事就赶紧退后，把责任推卸到别人头上，这样才能自保。

再比如当父母告诫孩子，不要多管闲事，遇到危险要先想办法保护自己，不要逞英雄的时候，或许只是担忧孩子因为年纪小、能力弱，贸然逞英雄会受到伤害；但孩子却可能把父母的这些教导解读为：不要多管闲事，遇到危险赶快逃跑。

父母教育孩子，从来不是一件容易的事，稍有不慎就可能行差踏错。所以，父母在孩子面前，一定要注意管理好自己的形象，你希望孩子将来成为什么样子，那么你自己首先就得变成什么样子。

03

任何一个社交圈子其实都是存在"等级"的，位于最高"等级"的，自然就是圈子的意见领袖，而位于最低"等级"的，自然就是那些在圈子里没有什么存在感的"边缘人士"。

简单来说，在一个社交圈子中，你的领导力越强，地位就会越高。那么，什么是领导力呢？这其实是综合能力的一种体现，具备领导力的人未必就能成为一名成功的领导者，但能够成为领导者的人，必然都是具备领导力的。

其他暂且不谈，但有一点是肯定的，那就是一个没有担当，遇事只会后退，只会推卸责任的人，肯定是不具备领导力的。这其实不难理解，套用电影《蜘蛛侠》中的一句经典台词："能力越大，责任越大。"领袖人物就是如此，成为领袖，意味着你拥有更大的权力，与此同时也意味着你必须承担更大的责任。

那么，我们到底应该怎样做，才能培养孩子的领导力，避免把孩子教育成没有担当，遇事只会退缩的人呢？

第一，帮助孩子建立自信。自信是领导力的基础，一个没有自信的人，是不可能让别人相信自己，追随自己的。所以，作为父母，我们一定要注意从小帮助孩子建立自信，让他们从内心坚强起来。这不仅能够帮助孩子培养领导力，对孩子未来的身心健康也有极大益处。

需要注意的是，即便是为了帮助孩子建立自信，我们也不能盲目去吹捧和夸赞孩子，如果没有足够的实力作为支撑，再多的吹捧和夸赞都只会如空中楼阁一般，轻易就被击碎。

第二，为孩子树立好的榜样。我们无数次地强调过，父母是孩子的模仿对象，父母的一言一行对孩子未来的性格和三观塑造都有着非常重大的影响。因此，你希望孩子将来成为一个怎样的人，你就必须先变成这样的人，给孩子树立一个好的榜样。

此外，需要注意的是，在孩子面前父母一定要注意自己的言行举止，即使是你在情绪激动下的一句随口抱怨，都可能会给孩子造成错误的暗示，影响孩子在为人处世方面的方法和态度。

第三，教会孩子保护自己的同时，也要做正确的事。教会孩子保护自己是非常重要的事情，但与此同时，我们也要教会孩子，如何在保证自己安全的同时去做正确的事。

那么，什么才是正确的事呢？举例来说，比如当孩子目睹某些不法事件时，首先应该做的，当然是保证自身安全，不能盲目地去"见义勇为"，因为孩子的能力太过弱小，盲目的"见义勇为"只会变成毫无意义的牺牲。这种时候，正确的做法就是立即将此事告知家长，或向老师、警察等人求救。

这些是我对于培养孩子社交领导力的感悟和总结，我一直相信一个人的领导力是可以通过后天努力培养出来的，从小培养孩子的社交领导力，让孩子即使在竞争激烈的环境中也能够更加从容地成长。